新・現代文 レベル別問題集

1 超基礎編

JN102035

東進ハイスクール・東進衛星予備校 講師
輿水淳一
KOSHIMIZU Junichi
西原剛
NISHIHARA Takeshi

東進ブックス

はじめに

上達は「上手な人の真似」をするところから始まる。しかし「文章を読んで理解する」という営みは、目に見えない。だから、上手な人の真似をすることが難しい。また、自分が上手に読めているのかどうかも、他人と比べられないのでわかりにくい。「ちゃんと文章を読もう」と言われても「ちゃんと読む」とはどういうことかがわからない。本書は、そこにメスを入れることを目指した。文章を読むことの得意な人が無意識的にしていること、文章を読んでいるときや設問を解いているときに考えていることを、できるだけ言語化、視覚化することを企てた。存分に真似てほしい。この本をやり通したとき、以前の自分とは違う自分を発見するはずだ。

著者　輿水淳一

予備校講師として駆け出しの頃、僕は、なるべく単純に、なるべく機械的に答えを導き出せるような「読解マニュアル」作りに励んでいました。数年の歳月を経て一応それらしいものが完成しましたが、同時に「実際、こんなに単純に考えていないよな。何か現実離れしているな」という疑念が生まれていました。文章を読むとき、僕たちは本当にたくさんのことを考え、色々と迷いながら理解を深めていきます。本書では、そういった「頭の中」を示すことにこだわりました。この本には、ある意味「当たり前」のことが書かれていますが、それでも類書にはない新しさがあります。受験現代文を「読む」ということの本道に戻したい。それが著者の願いです。

著者　西原剛

❷本書の特長――どの文章にも通用する「揺るぎない読解力」が身に付く問題集――

『新・現代文レベル別問題集』最大の特長は、現代文講師として第一線で教鞭を執り続ける**二人の講師の「脳内」を、ビジュアルに示したこと**です。

現代文が「できる」人は、文章を読む際にどんなことを考え、どのように理解しながら読んでいるのか。一文を読んだときの、その瞬間、そこで起こっている思考の過程を、簡潔な文章と図版（イラスト）で、できる限りわかりやすく示しました。自分一人では理解が困難な文章でも、解説を読めば必ず「わかる」ように、「徹底的に」「丁寧に」一つひとつの文章を解き明かしています。

さらに本シリーズは、次の3つの柱を軸に構成されており、入試現代文で高得点を取るために必要な力を、無理なく・無駄なく養うことができる仕組みとなっています。

【本シリーズ3つの柱】

① 現代文の核となる力「読解方略」[*1]を、講師が動画でわかりやすく解説。どの文章にも、どの問題にも通用する"揺るぎない読解力"を身につけることができます。

② 現代文の学力を伸ばすための「考え方」や「アドバイス」[*2]を随所に掲載。ただ問題を解くだけでなく、その先の学習・入試合格までを見据え、現代文で役立つ内容を盛り込みました。

③ 実際の入試で出題された良問を厳選し[*3]、レベル別に分けて掲載。自分に最適なレベルから始め、志望校レベルまで、段階的に学力を上げることができます。

文章を「きちんと読む」ことさえできれば、必ず「正解」は導き出せる。そこにこだわり抜いて制作した本シリーズは、現代文を学ぶすべての人々の"新たな道しるべ"となるでしょう。

◆補足説明

＊1…読解方略とは「文章の意味をきちんと理解しながら読むコツ」のこと。詳細は18～21ページ参照。

＊2…解説編の内容はもちろん、各講の「扉」や問題編巻末の「おすゝめ本一覧」、解説編の「生徒からの質問コーナー」、そして、解説文中で語られる「雑談」など、現代文を楽しく理解しながら学力を上げる工夫を随所に盛り込みました。

＊3…講師が数多くの入試問題から厳選に厳選を重ねて選び抜いた、本当に現代文の力を伸ばすことができる良問のみを掲載しています。

❸ レベル①の特長

レベル①は、学年問わず、理系文系問わず、とにかく現代文を「基礎の基礎」から学びたい人におすすめします。「せっかく買ったのに、最初の10ページでやめてしまった……」という悲しいことにならないよう、読んで楽しい文章、ためになる文章を集めました。前半は設問の量も少なめにしてあります。現代文に苦手意識のある人は、まずは「この本を最後まで読み終える」ことを目標にしてください。また、小説問題も3題収録されているので、共通テスト対策のはじめの一歩としても最適です。

この問題集で紹介している「読解方略（18～21ページ）」は、苦手な人から得意な人まで、すべての人に実践してもらいたい方法論です。どんなレベルでも「やるべきこと」は変わりません。問題集のレベルの違いは、題材となる文章や設問の難しさの違いだと考えてください。

各レベルについて紹介しておきます。

【レベル①】 現代文初学者向けの読みやすい文章を主な題材として、読解の基本を学びます。
【レベル②】 基礎～標準レベルの入試問題を主な題材として、読解の基本を固めます。
【レベル③】 標準レベルの入試問題を主な題材として、実践的な読解力と解答力を身に付けます。
【レベル④】 有名私立大学の問題を主な題材として、実践的な読解力と記述力を磨きます。
【レベル⑤】 難関私立大学・上位国公立大学の問題を主な題材として、高度な読解力と記述力を身に付けます。
【レベル⑥】 最難関国立大学の問題を主な題材として、高度な読解力と記述力の完成を目指します。

「読解方略」は、何度も何度も反復することで次第に「自分のもの」になっていきます。入試までに時間的な余裕があれば、現代文が得意な人も、レベル①からじっくり取り組むと良いでしょう。

【志望校レベルと本書のレベル対応表】

※東進主催「共通テスト本番レベル模試」の受験者（志望校合格者）得点データをもとに算出した、主に文系学部（前期）の平均偏差値（目安）です。

難易度	偏差値	志望校レベル 国公立大（例）	私立大（例）	本書のレベル（目安）
難	～67	東京大，京都大	国際基督教大，慶應義塾大，早稲田大	
↑	66～63	一橋大，東京外国語大，国際教養大，筑波大，名古屋大，大阪大，北海道大，東北大，神戸大，東京都立大，大阪公立大	上智大，青山学院大，明治大，立教大，中央大，同志社大	⑥最上級編
	62～60	お茶の水女子大，横浜国立大，九州大，名古屋市立大，千葉大，京都府立大，奈良女子大，金沢大，信州大，広島大，都留文科大，静岡県立大，奈良県立大	東京理科大，法政大，学習院大，武蔵大，中京大，立命館大，関西大，成蹊大	⑤上級編
	59～57	茨城大，埼玉大，岡山大，熊本大，新潟大，富山大，静岡大，滋賀大，高崎経済大，長野大，山形大，岐阜大，三重大，和歌山大，島根大，香川大，佐賀大，岩手大，群馬大	津田塾大，関西学院大，獨協大，國學院大，成城大，南山大，武蔵野大，京都女子大，駒澤大，専修大，東洋大，日本女子大	④中級編
	56～55	〈共通テスト〉，広島市立大，宇都宮大，山口大，徳島大，愛媛大，高知大，長崎大，福井大，新潟県立大，釧路公立大，大分大，鹿児島大，福島大，宮城大，岡山県立大	玉川大，東海大，文教大，立正大，西南学院大，近畿大，東京女子大，日本大，龍谷大，甲南大	③標準編
	54～51	弘前大，秋田大，琉球大，長崎県立大，名桜大，青森公立大，石川県立大，秋田県立大，富山県立大	亜細亜大，大妻女子大，大正大，国士舘大，東京経済大，名城大，武庫川女子大，福岡大，杏林大，白鴎大，京都産業大，創価大，帝京大，神戸学院大，城西大	②初級編
↓	50～	北見工業大，室蘭工業大，公立はこだて未来大	大東文化大，追手門学院大，関東学院大，桃山学院大，九州産業大，拓殖大，摂南大，沖縄国際大，札幌大，共立女子短大，大妻女子短大	①超基礎編
易	-	一般公立高校（中学レベル）	一般私立高校（中学～高校入門レベル）	

●志望校別の使用例

▼現代文が苦手な人…必ずレベル①から始め、文章を読むこと・問題を解くことに慣れていきましょう。

▼第一志望が「明青立法中／関関同立」などの有名私大の人…現代文を基礎から始めて高得点を取りたい人は、①～⑤までやり切りましょう。基礎が固まっている人は、②～⑤を学習しましょう。

▼第一志望が「旧七帝大」などの国公立大の人…共通テストから記述・論述まで対策するため、レベル①～⑥をやり切りましょう。時間がない人は、③～⑥を学習し、あとは過去問演習を徹底しましょう。

④本書の使い方【問題編】

問題編[*1]は〈扉〉・〈問題文〉という構成です。扉につづられた講師のコメントを読み、解答時間を確認してから問題を解きましょう。

〈扉〉

各講の最初のページに「扉」を設けています。出典・出題大学名などが確認できます。内容に興味を持った書籍があったら、ぜひ読んでみてくださいね。

導入コメント

各講のはじめに、本文への興味をかきたてる導入コメントがあります。問題を解く前に読んでみましょう。解説編の扉は、もう一人の講師(＊2)による違う観点からの文章です。

解答時間・目標点

解答時間(制限時間)と目標得点を設けることで、現在の自分の学力を判定できるようになっています。

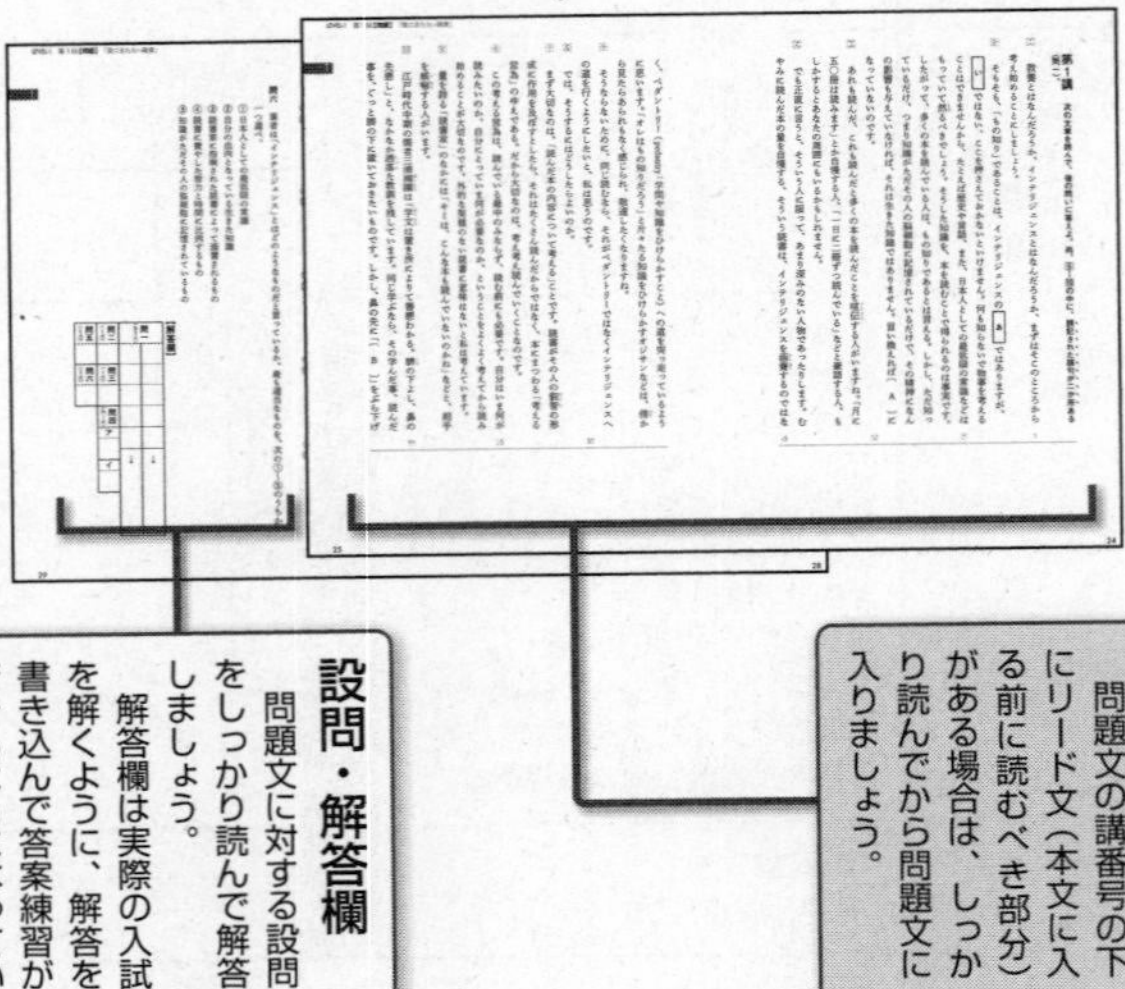

〈問題文〉＊3

問題文の講番号の下にリード文(本文に入る前に読むべき部分)がある場合は、しっかり読んでから問題文に入りましょう。

設問・解答欄

問題文に対する設問をしっかり読んで解答しましょう。
解答欄は実際の入試を解くように、解答を書き込んで答案練習ができるようになっています。

◆**補足説明**

＊1…本シリーズは、見やすさ・使いやすさを追求し、「問題編」と「解説編」を別々の冊子にして1枚のカバーでくるむ製本を採用しました。冊子をきれいに取り出し、別々の冊子として学習することができる仕様になっています。

＊2…扉文章は、
▼「問題編」が輿水先生の場合、「解説編」は西原先生
▼「問題編」が西原先生の場合、「解説編」は輿水先生
が書いています。また、問題編の扉文章を書いている講師が、その問題の解説を担当しています。

＊3…問題文は基本的に過去の大学入試問題から引用していますが、都合により一部改変している場合もあります。また、現代文の力を確実に伸ばし、あらゆる入試問題に対応できる力を養うという観点から、講師が厳選した「オリジナル問題」も含まれています。

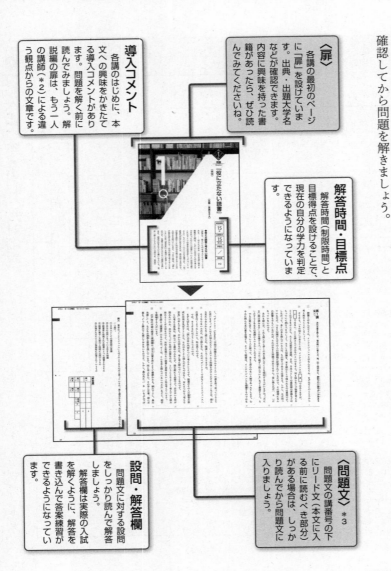

【解説編】

問題を解き終わったら、〈全文解釈〉を読み、講師の思考や理解の仕方を学びましょう。同時に〈解答・解説〉で正解を導き出すまでの過程を確認しましょう。

〈全文解釈〉

問題編の問題文を掲載しています。文中のマーカーや注釈（番号や色）は、下段の「脳内活動・重要語彙」に対応しています。また、本文の左横に掲載している黒フキダシには、短い脳内活動を記載しています。

※脳内活動マーカーの色は、次の内容を示しています。（詳細は解説編2ページを参照）

- ●青→具体化
- ●赤→追跡
- ●緑→予測
- ●紫→位置づけ
- ●灰→モニタリング
- ●橙→その他

脳内活動・重要語彙＊1

問題文を読んでいるときの講師の思考を、簡潔な文章や図版（イラスト）で示しています。また、重要表現や語彙も解説しています。

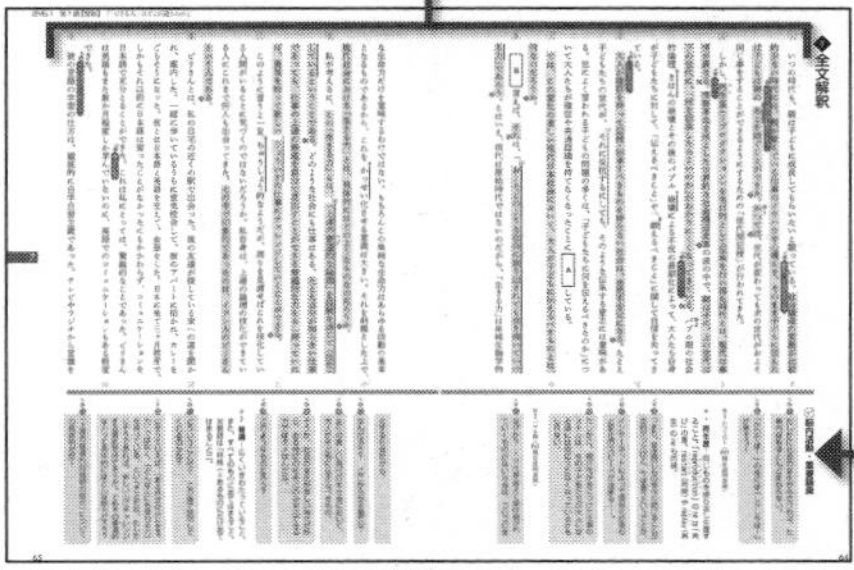

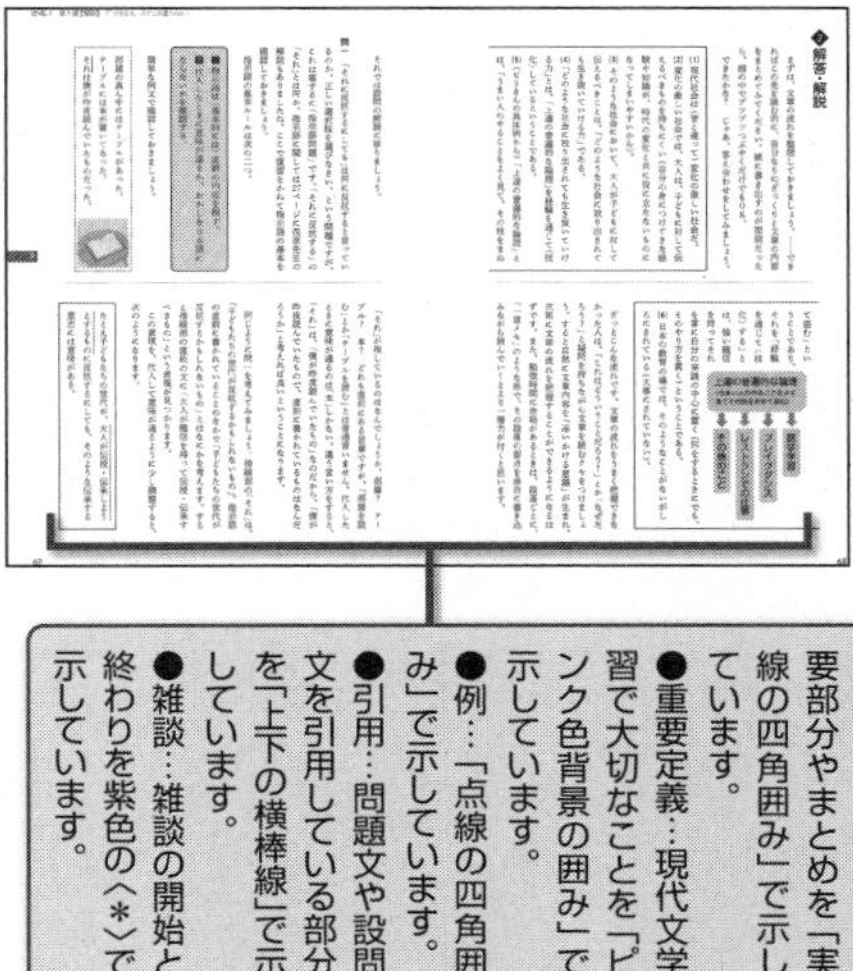

〈解答・解説〉

設問に対する解答と解説です。解説文中には次のような要素があります。＊2

- ●まとめ…解説中の重要部分やまとめを「実線の四角囲み」で示しています。
- ●重要定義…現代文学習で大切なことを「ピンク色背景の囲み」で示しています。
- ●例…「点線の四角囲み」で示しています。
- ●引用…問題文や設問文を引用している部分を「上下の横棒線」で示しています。
- ●雑談…雑談の開始と終わりを紫色の〈＊〉で示しています。

◆補足説明

＊1…脳内活動の色分けはあくまで便宜的なものです。たとえば、「追跡と予測が同時に起こる」というように、それぞれの方略は互いに重なる部分があります。方略を「区別する」ことよりも、（明確に区別できなくても良いので）「実践する」ことを意識してください。

＊2

▼まとめ

▼重要定義

▼例

▼引用

▼雑談

〈＊〉……□□□□■

□□□□■……。〈＊〉

5 目次

序章

――文章を「読む」とはどういうことなのか――

◆現代文読解への扉

入試現代文では、さまざまなジャンルの文章が出題されますが、試験で合格点を取るためには、はじめて読む文章をその場で理解しなければなりません。したがって、現代文学習で身に付けるべき最も重要な力は「与えられた文章をきちんと読んで理解する力」です。そこで、序章では「文章をきちんと読んで理解する」ということについて、現代文講師が文章を読んでいるときの「頭の中」や、文章読解の得意な人が行っている「読解方略」といった内容も含めて、詳しく説明していきます（P18のＱＲコードから読解方略の解説動画が視聴できます）。文章を「読む」ことへの意識を高め、あらゆる文章・設問に対応できる「揺るぎない読解力」を身に付けましょう。

序章

輿水　じゃあ、さっそく始めていこうと思うんだけど、その前に一つ、確認したいことがある。すごく重要なことだ。

君は、文章の意味を理解しながら読んでいるか？

たとえば、これは？

「人はみな、自己の欲望に突き動かされて生きている」

大丈夫？

じゃ、これは？

「人間の欲望は〈他者〉の欲望である」

どうだろう。一つひとつの言葉は、難しくない。でも……。

ここで大切なことを一つ、言っておきたい。

自分が文章の意味を理解しているのか、していないのかに自覚的であれ。

さっきの文章を理解できたかどうかが大事なのではない。そうではなくて、自分が理解しているかどうかを、自分でちゃんとチェックできていたかどうか。それが大事。自分がちゃんと理解できていないことに気づかずに文章を読んでいる人はずいぶん多い。まずはその無自覚な状態から脱却しよう。

「理解していない」ことにきちんと向き合うことで、はじめて「理解しよう」とか、「どうすれば理解できるのか」とかっていう前向きな考えが生まれてくる。自分がスマホ依存に陥っていることに気づいていない人は、依存から抜け出すための努力なんてできないよね、きっと。そういうこと。

ということで、今から「君がどれくらい文章の意味を理解できているか」、それを試すちょっとしたテストをしてみたい。

　このテストが簡単に解けたなら、君はまあ普通に文章を読めている。でも、もし、なかなか解けなかったとしたら――君の読み方は、意味の理解をなおざりにした、早急に改善しなければならない読み方だ、ということになる。どんなテストかっていうと、なんてことはない。単純な「間違い探し」だ。とはいっても、実際に中央大学の法学部で出題された、れっきとした入試問題だ。まあ、クイズ感覚で楽しんでみてほしい。答えはあとで言うけど、なるべく自力で考えてみよう。間違いの箇所に気づくまで何度でも読み返していいから、なんとしても、自力で答えを出してみてほしい。

【問題】 次の文章中に一か所故意に誤記された箇所がある。その部分を左の㈿に従って本文中から抜き出し、正しく書き換えなさい。

㈿ と思っている→と思っていない

　言葉でリンゴといえば、それはリンゴだけをさし示しますが、画面のリンゴは避けようもなく、それを載せた皿やテーブル、背後にある壁紙の色までも伝えてしまいます。視聴覚イメージは言葉にくらべると、対象の輪郭を区切りとって、それを矢印によってさし示す機能が弱いのです。抽象的な観念を示す力が弱いのはもちろんのこと、たとえば、あるものがそこに「ない」という状態を人に注意させることは、ほとんど不可能です。言葉は、一箇の特定のリンゴがそこにないことを表すことができませんが、画像はただ不特定の空虚、なにもない空間を示すことしかできないからです。

（山崎正和『近代の擁護』）

輿水　どうかな？　一読してすぐに間違いの箇所に気づいた人は、この文章の意味をちゃんと理解して読めていると思う。その調子でより難解な文章にもチャレンジしていこう。

で、一読しただけではわからなかった人！　もしくは、何度読み返してもわからなかった人！　答えを教える前に、とりあえず、なぜわからなかったかを言ってしまおう。それは君が文章の意味を考えないままに、ただ文字を眺めていただけだからだ。君の読み方が、字面《じづら》を眺めているだけの「字面読み」だったからだ。

「字面読み」から脱却することはなかなか難しいけど（僕も時々「字面読み」してしまう）、でも、いくつかのことに留意することで、必ず少しずつ改善していくから焦る必要はない。焦って怪しい「テクニック」に頼って、文章の意味をおろそかにしてしまうのだけは避けよう。人生損するからね。

じゃあ、文章の意味を理解しながら読んでいる人は、どんなふうに読んでいるんだろう。「読めている人」の頭の中はどうなっているんだろう？　ここで我が相棒、西原先生にご登場いただいて、西原先生がさっきの文章をどう読んでいたか、その頭の中をのぞいてみよう。

西原　こんにちは。西原です。頭の中をのぞかれるのは、Ａｍａｚｏｎプライムの購買履歴をのぞかれるような恥ずかしさがあるのですが、「脳内を見栄を張らずに提示する」のがこの本のコンセプトの一つでもあるので、どんどん見せていきましょう！　以下、（　）内の灰色の部分が、文章を読むときに僕が頭の中で行っていた活動（＝「脳内活動」）です。

言葉でリンゴといえば、それはリンゴだけをさし示します（こんな感じかな→【図1】。何が言いたいんだろう？）が、画面のリンゴ（画面？　テレビ画面に映ったリンゴかな？）は避けようもなく、それを載せた皿やテーブル、背後にある壁紙の色までも伝えてしまいます（確かに。テレビや写真でリンゴを見ると、リンゴ以外の皿やテーブルも目に入ってくるな→【図2】）。視聴覚イメージ（視覚と聴覚だから、「テレビ画面を見る時」で具体的に考えてみよう）は言葉にくらべると、対象の輪郭を区切りとって、それを矢印によってさし示す機能（【図1】のような機能）が弱いのです（画面だとどうしても皿とかテーブルが入っちゃうもんな。確かに、リンゴだけを指す力は弱い気がする）。抽象的な観念（たとえば「正義」とか「人権」とか）を示す力が弱い（たとえば、「正義」のような形のないものをテレビ画面で映し出すのは難しいよな）のはもちろんのこと、たとえば、あるものがそこに「ない」という状態を人に注意させることは、ほとんど不可能です（ん？　どういうこと…？　ここはゆっくり読もう。リンゴで具体的に考えると……「リンゴがそこに『ない』という状態を人に注意させることは難しい」ってことだよな……。あぁ、確かに映像で『リンゴがない』と思わせる」のは難しいな。だって、こんな映像〈【図3】〉を見せられた人は、「なにもないな」とは思っても、「リンゴがないな」とは思わないもんな。画像によって「ない」という状態に意識を向けさせることは、ほとんど不可能ということか）。言葉は、一箇の特定のリンゴがそこにないことを表すことができません（!!　映像に比べて、言葉で「リンゴがない」ことを伝えるのは簡単なはずだから、「できません」はおかしい。ここが設問の答えか）が、画像はただ不特定の空虚、なにもない空間を示すことしかできないからです（前と同じような内容。「なにも置いていない部屋の写真」を見た人は、「なにもないな」とは思っても「リンゴがない部屋だな」とは思わない）。

【図1】

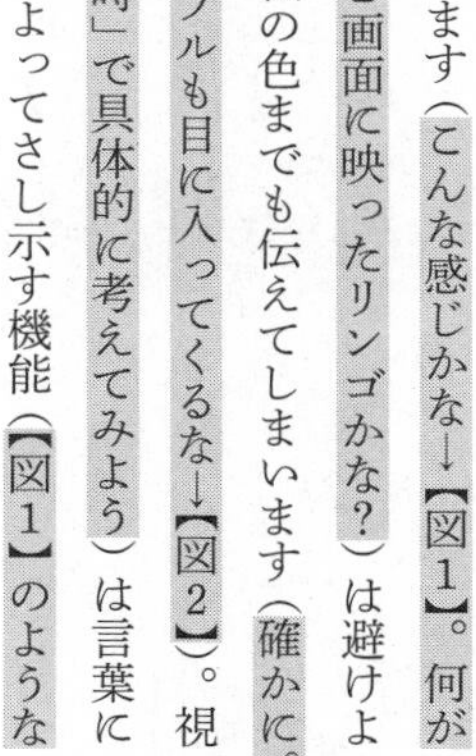

【図2】

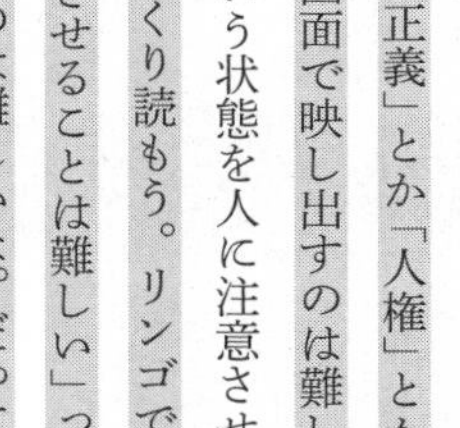

【図3】

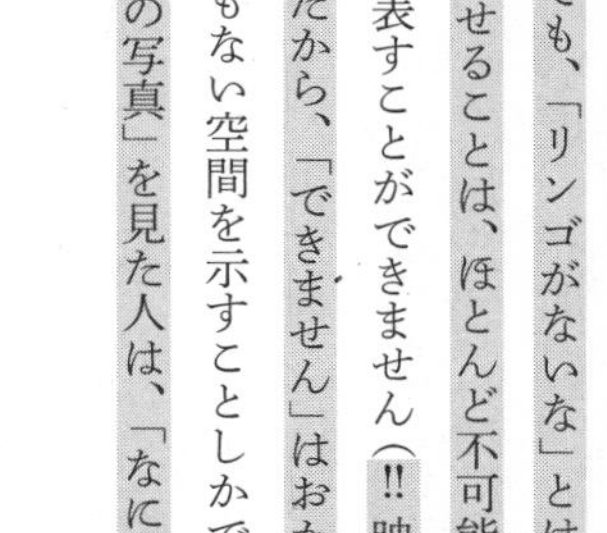

輿水　ありがとうございます！　そうです、正解は「できません→できます」です。ご名答！　いやー、人の頭の中をのぞくのっておもしろいね。君はどう思った？　もしこの西原先生の「脳内活動」を見て、「え、そんなに色々考えながら読んでるの？　暇なの？」なんて思った人は、「字面読み」がクセになっている可能性がある。

西原　「目で追っているだけで、内容が頭に入ってこない」「読んでいるうちに前の内容を忘れている」というのも、字面読みの典型ですよね。「意味を理解」できていれば、内容は忘れない。

輿水　そうだね。ここで改めて「字面読み」と「意味を理解する読み」の違いを整理してみよう。

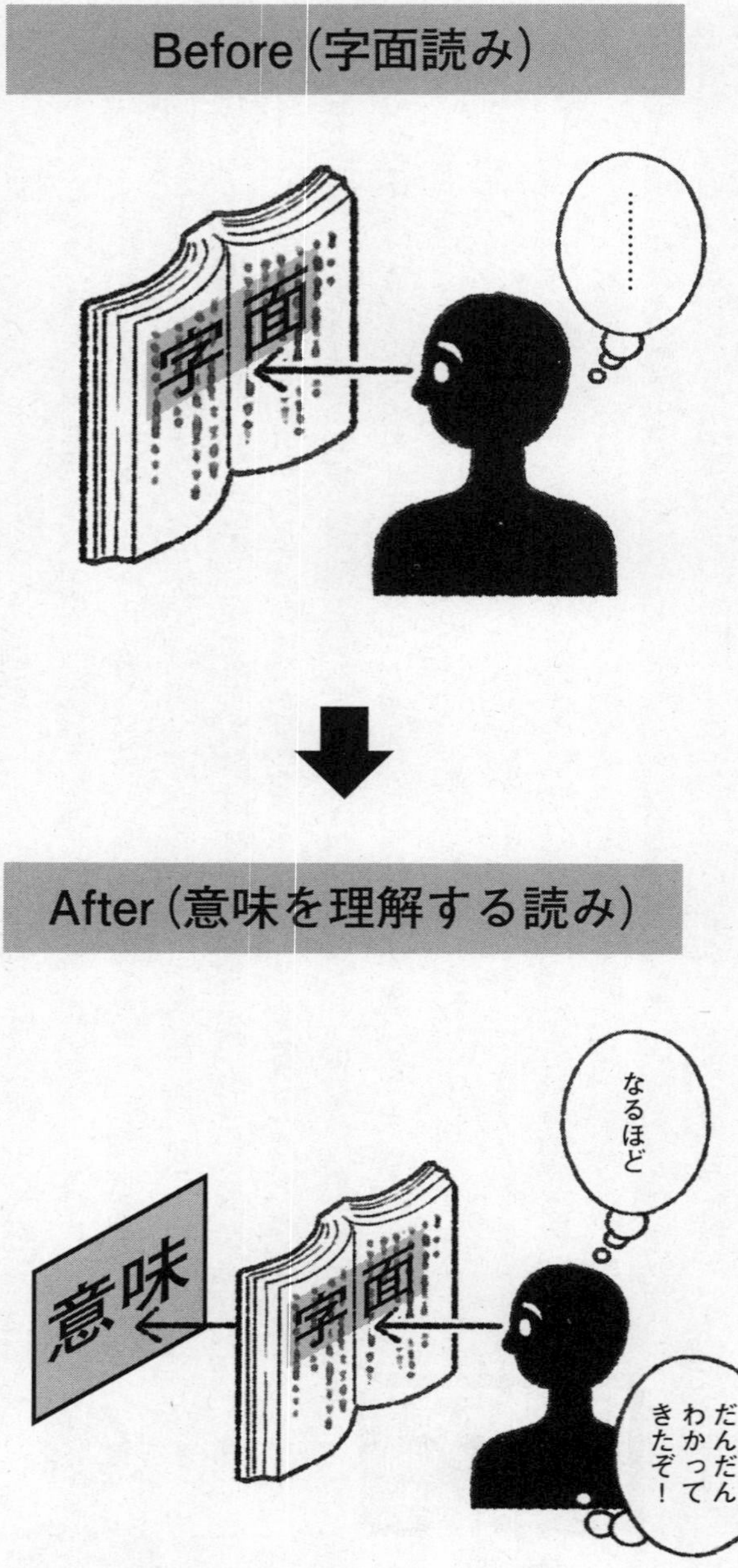

輿水　「字面読み」をしているときは「文字列を眺めている」だけ。それに対して「意味を理解する読み」のときは、①文章を読みながら、②文章の意味を理解し、同時に、③文章を理解できているかどうか確認している。つまり同時並行で色々なことを行っているわけだ。そして多くの場合、「自動的に」頭が動いている。それは、歩くときに手足の動きをほとんど意識しないことと似ている。でも、一歩ごとに大きく揺れる吊り橋を歩くときは、誰しも自分の足の運びに意識を向けるよね。同じように、自分にとって難しい文章を読むときは、少し読むスピードを落として、右の、「②意味を理解する」と、「③理解できているかどうか確認する」という作業を自覚的にやらなければならない。慣れてくれば、毎日吊り橋を渡っている人のように、鼻歌を歌いながらでも、文章をスピーディに理解することができるようになる。

西原　できる人が無意識にやっていることを、まずは意識的に行い、次第に無意識にできるようにしていく、ということですね。

輿水　そうそう。ところで、ここまで何度も「理解」と言ってきたけれど「意味を理解する」とか「わかる」ってどういうことだろう？

西原　難しいですよね。「わかる」とは何かが、意外と「わからない」。

輿水　そうなんです。さっきのリンゴの話と重なるけれど、大事なことなのでもう一度話しておこう。たとえば、そうだな……西原先生、「ふたいとこ」ってどういう意味か知ってる？

西原　知りません。何かの便利グッズですか？

輿水　違います。「ふたいとこ」っていうのは、「自分の祖父母の兄弟姉妹の孫」です。

西原　え？　祖父母の兄弟姉妹の孫？　…………「はとこ」ですね！

輿水　そうそう。今「理解していない顔」から「理解した顔」にきれいに変化したね（笑）。じゃあさ、西原先生が「ふたいとこ」の意味を理解するまでの３秒の間に起きたことを、改めてスローモーションで振り返ってもらっていいかな。

西原　わかりました。脳内活動の明示ですね。

え？　祖父母の兄弟姉妹の孫？　よくわかんないな……。

↓

えぇっと、僕の場合でいうと、

↓

おばあちゃんの妹の孫ということは、幸太郎のことだな。

↓

つまり、「ふたいとこ」＝「はとこ」か！

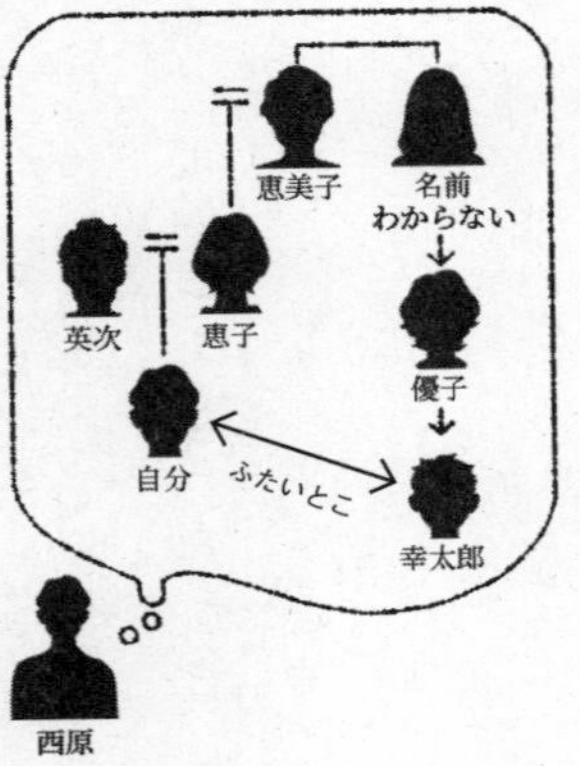

輿水　「わからない」が「わかる」に変わるまでの3秒間の間に色々なことをしているね。もちろんほとんど無意識的な頭の働きだとは思うけど、あえて「可視化」するとそういうことになると。

西原　そうですね。他にも「あ、輿水さん、こっちの語彙力試そうとしているな」とか「恵美子婆ちゃん優しかったなぁ」とか色々考えていましたけど、大事な部分を抜き出せば、右の通りです。

輿水　言葉を理解するというのは、こんなふうに、ある言葉が、自分の知っている知識や経験と結びついて具体的なイメージを持つということだ。今のは単語レベルの話だけど、文章を理解するということも基本的には同じ。文章に書かれていることを自分に結びつけて具体的にイメージすることができたとき、「文章の意味を理解できた」ということができる。

西原　「腑に落ちる」感じですよね。僕もよく授業で「わかりやすく言い換えてみよう」とか「具体例を挙げてごらん」と言っています。その作業を挟むことで、生徒の理解度がグンと上がります。

輿水　われわれは言葉の意味や文章の意味を理解するために、半ば無意識的に色々なことを行っている。でもそれらを無意識で行うためには、まずは行うべきことを自覚し、それを意識的に反復する必要がある。この本が目指すのは、まず君たちに「文章を読むときに行うべき色々なこと」を知ってもらうこと、そしてそれを君たちが自分の力でできるように導いていくこと。読み方が変われば、点数アップという結果も自然とついてくるはずだ。というわけで、次に示すのは、「文章を読むときに行うべき色々なこと」＝「読解方略一覧」だ。「意味を理解しながら読むためのコツ一覧」と思ってくれればいい。次ページのＱＲコードから読み取れる講義動画もぜひ利用していただいて、理解を深めてほしい。

◆基本の読解方略（1～5）

1 具体化（具体的に理解しながら読む）

A 言い換え（わかりやすく言い換える）

人間の感覚は、主観性の檻に閉じ込められている。
僕の感覚は僕だけのもの

B イメージ（視覚的なイメージを浮かべる）

AはBの土台だ

C リンク（文章を自分とリンクさせる）

子どもは、家庭か学校かという世界の狭さゆえに、空気を読むことに過剰な労力を費やしてしまうのである。
中学生の頃学校の外の世界なんてほとんどなかったもんな
たしかにクラスメイトに嫌われないように気を遣っていた気がする

2 追跡（疑問を持ちながら読む）

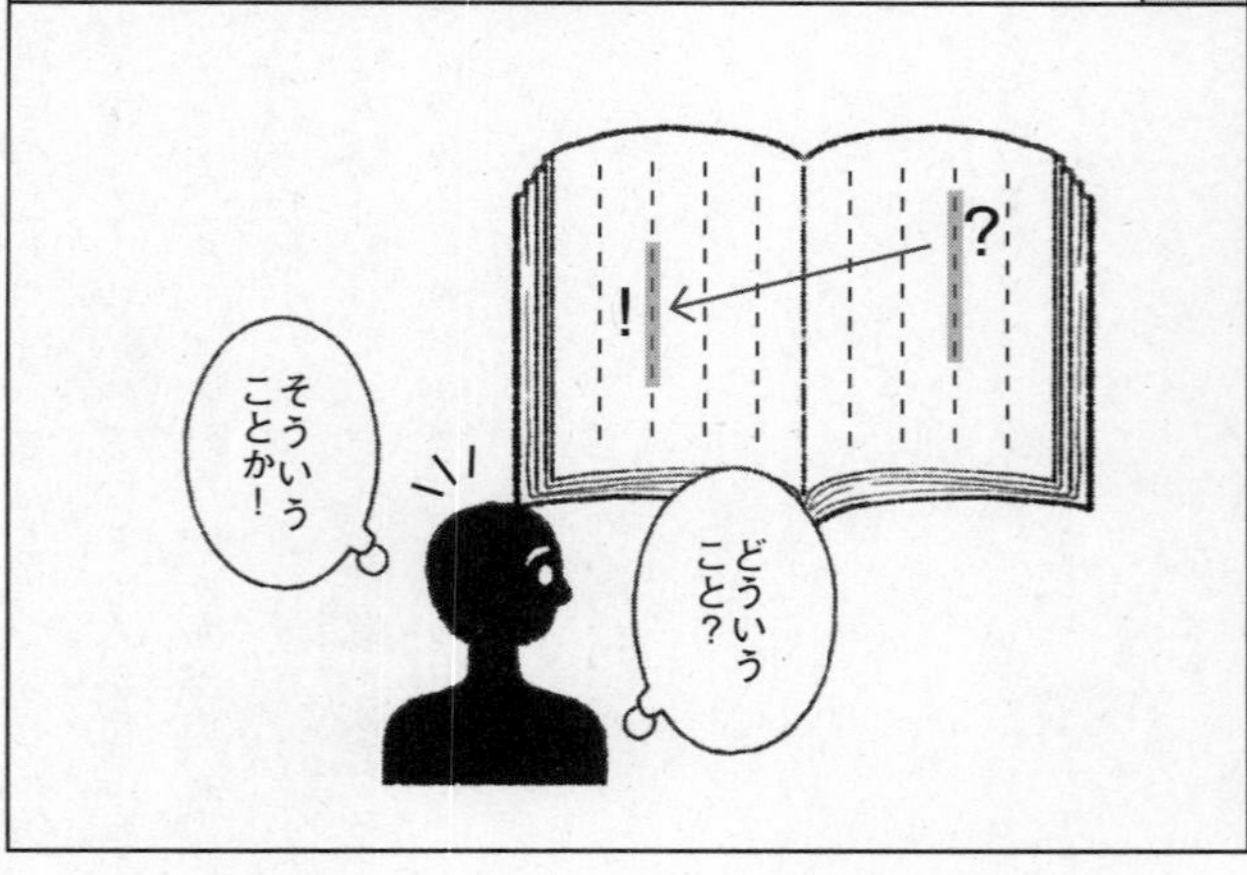

どういうこと？
そういうことか！

動画視聴はここから！

解説動画

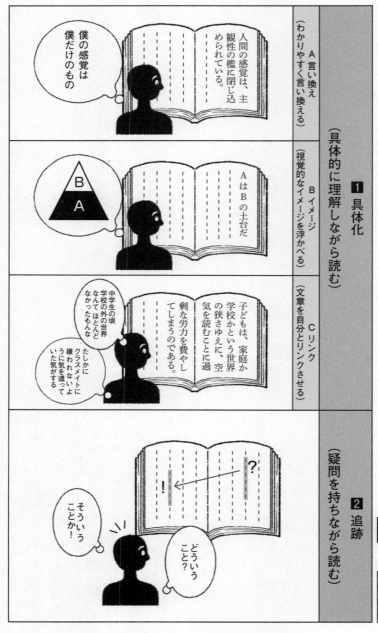

3 予測（話の方向を予測しながら読む）

4 位置づけ（全体の中に位置づけながら読む）

5 モニタリング（自分の理解度を確認しながら読む）

◆その他の読解方略

【一文の理解】

□**文の骨格を把握する**（主語《S》―述語《V》）・（主語《S》―目的語《O》―述語《V》）
□**修飾―被修飾の関係を把握する**
□**指示語の指示内容を把握する**

【関係の理解】

□**対比関係を把握する**（下図参照）
①何かと何かの比較（共時的な対比）㈷ 文学と科学、日本と西洋、子どもと大人 など
②昔と今の比較（通時的な対比）㈷ 近代と現代、前近代と近代、かつての社会と高度情報化社会 など
③一般論と筆者の意見の比較（意見の対比）
□**プラス／マイナスを識別する**（主張／比較対象、肯定的側面／否定的側面の識別）→波線と直線の二種類の傍線で引き分ける など
□**因果関係を把握する**（原因と結果の関係を把握する）→時間的には原因が先で結果が後、認識的には結果が先で原因が後
□**同格関係を把握する**（言い換えや繰り返しを把握する）
□**抽象と具体を識別する**→具体例を適切に処理する
①どこからどこまでが具体例かを把握する（範囲の画定）
②何のための具体例かを把握する（抽象化）…抽象論は具体例の直前または直後に述べられている
□**引用文の意義**→引用文の前後に注意して「何のための引用か」、「筆者にとっての『敵』か『味方』か」を把握する

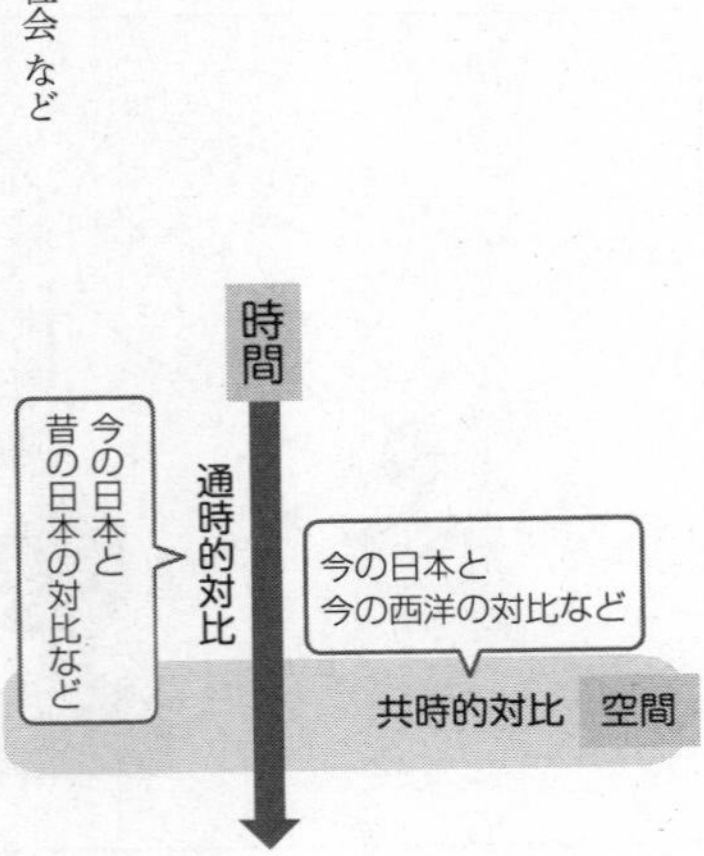

【注目すべき表現】

□**逆接の接続詞**→話の方向が変わるので注意。特に文章内で最初に出てくる逆接、段落冒頭の逆接、一般論の後の逆接は要注意
□**一般論・常識・自明のこと・「神話」（根拠もないのに広く人々に信じられている話）**→多くの場合、筆者によって否定される
□**否定―肯定構文**（AではなくB）→誤解を取り除く説明の仕方（皆さんAだと思うでしょ、実は違います、Bなんです）
㈷ 愛とは互いに向き合うことではなく、ともに同じ方向を向くことだ。同類の構文［AだけでなくBも／BであってAではない／AよりB］
□**譲歩構文**（たしかにAしかしB）→読者に歩み寄る説得の仕方（あなたの立場〈A〉からでも、私と同じ意見〈B〉にたどり着きますよ）
㈷ たしかに現代詩は難しい。しかし、難しいからこそ面白い。同類の構文［なるほど・もちろん・無論A逆接表現B］

□**数詞《すうし》・列挙**（第一に・もう一つは・まず・次に・二重の関係・三大要因・三つの特徴 など）→筆者が列挙しようとしている事柄を把握する

□**定義付けの表現**（〜とは・〜の本質は）→定義を把握するとともに、その後に続く定義の説明や具体例で、定義の内容を理解する

□**疑問表現**（いつ・どこ・誰・なぜ・どのように・〜か など）→その答えを探しながら読んでいく

□**「まとめ語」**（このように・つまり・すなわち・結局のところ、要するに など）→後ろに「まとめ」が来る。「まとめ」は大事

□**強調表現**（重要なのは〜・大事なことは〜・根本的には〜・実は〜・〜すべき・〜する必要がある・〜が不可欠だ など）

□**助詞の「は」**→対比を意識して読む　例子どもは〜（子どもと大人の対比を疑う）・結婚するまでは良かった（結婚後は……）

□**助詞の「も」**→同類を意識して読む　例日本語も〜（外国語と日本語の共通点を意識する）

□**比喩表現**→比喩表現は共通項を考える　例彼のほっぺはりんごのようだ（りんごとほっぺの共通項＝「赤い」）

□**注意喚起のかぎ括弧《かっこ》**（「普通とは違う意味で使ってるから注意してね」のかぎ括弧）例「―有権者は、みんなの前で、この候補を支持する場合には白い投票箱に、反対するなら黒い投票箱に投票することを強制されたのです。支持するかしないか一目瞭然となるこの方法は、とても自由投票とは呼べないものでした。この「選挙」で選ばれた「人民委員会」を母体として―」（『そうだったのか！現代史』池上彰）→かぎ括弧つきの「選挙」とすることで、〈とても選挙とはいえないような選挙〉というニュアンスになる

□**「〜化」**→相対化、抽象化など、「〜化」は、すべて何かしらの変化を表す　例知性のジャングル化≒知性の変化

【文学的文章における注意点】

□**無駄な表現はない**→すべての表現には意味があると思って読む（だからといってすべての表現の意味を理解する必要はない）

□**象徴表現**→その作品内でのみ特別な深い意味をもつ表現に着目する

□**具体的に情景をイメージしながら読む**→文字を映像化する意識。セリフであれば、どんなふうに話しているかを想像する。ただし、いつでも情景をイメージできるわけではない。イメージや映像化を拒む表現もありうる

□**書かれていることから書かれていないことを読み取る**→自然な想像力までも殺してはいけない。しかしあくまでも、書かれていることに基づく

□**三種類の心情描写**

①心情語（悲しかった・嬉しかったなどの直接的に心情を表す表現）

②行動・しぐさ・セリフ（「それを聞いて彼は険しい表情を浮かべた」「店主はテーブルを強く叩いた」などの間接的に心情を表す表現）

③情景描写（「いつの間にか雨はやんで、雲の切れ間から青い空が見えた」などの間接的に心情を表す表現）

□**変化の把握**→心情の変化、場面の変化、状況の変化、行動の変化などに注意して読む（何から何へ変化したのかを把握する）

□**変化の理由をおさえる**→特に登場人物の心情が変化した場合、なぜ変化したのか、その理由を把握する

輿水　ずいぶんたくさんあるな……と思うかもしれない。でも大丈夫。一つずつ、自分ができていないものをつぶしていこう。そして、無意識的に、自動的に、これらの読解方略を使いこなせるようにしていこう。人間が体を動かすときに使っている筋肉（骨格筋）は約400種類もあるそうだけど、それを無意識的に動かして、われわれは立ったり座ったり歩いたりしている。それと同じように、どんなにたくさんあっても、これらの読解方略を一度身に付けてしまえば、それは無意識的に君の「読み」を支えてくれるはずだ。まずは真似をするところから。さっきの「リンゴ」の文章を、西原先生の脳内活動を参考にしながら、自分なりにもう一度読み直してみよう。もちろん完全に同じじゃなくてもいい。人間が違えば頭の中で考えることも違う。大事なことは、頭と心を動かしながら文章を読むことだ。最初は速く読もうなんて思わなくていいから、ゆっくり、自分の脳内活動を自分で観察しながら読んでみよう。なんか、僕ばっかりしゃべっちゃってごめんなさい。

西原　いや、どんどんしゃべってください。印税は半々なんで。

輿水　……。

第1講

問題
Question

『役に立たない読書』（林望）

〔出題：実践女子大（改題）〕

解答時間	目標得点	学習日	解答頁
15分	15／20点	／	P.3

◆考える読書と考えない読書

「読書は、他人にものを考えてもらうことである。……ほとんどまる一日を多読に費やす勤勉な人間は、しだいに自分でものを考える力を失って行く」（『読書について』）これはドイツの著名な哲学者ショウペンハウエル（一七八八―一八六〇）の言葉です。一見、読書の否定に見えますが、彼は同じ本の中で、「良書を読むこと」「自分の頭で考えること」の大切さを述べています。つまり彼は、「読んだ数を誇るだけで、自分の頭で考えることをしない自称『読書家』」を痛烈に批判しているのです。本講では『役に立たない読書』を扱います。読書が好きな人にも嫌いな人にも、是非一読してもらいたい文章です。（西原）

第1講

次の文章を読んで、後の問いに答えよ。尚、6〜10の中に、誤記された語句が二か所ある（問一）。

1 教養とはなんだろうか、インテリジェンスとはなんだろうか、まずはそこのところから考え始めることにしましょう。

2 そもそも、「もの知り」であることは、インテリジェンスの［　あ　］ではありますが、［　い　］ではない、ここを押さえておかないといけません。何も知らないで物事を考えることはできませんから、たとえば歴史や言語、また、日本人としての最低限の常識などはもっていて然《しか》るべきでしょう。そうした知識を、本を読むことで得られるのは事実です。したがって、多くの本を読んでいる人は、もの知りであるとは言える。しかし、ただ知っているだけ、つまり知識がただその人の脳細胞に記憶されているだけで、その精神になんの影響も与えていなければ、それは生きた知識ではありません。言い換えれば〔　A　〕になっていないのです。

3 あれも読んだ、これも読んだと多くの本を読んだことを喧伝《けんでん》する人がいますね。「月に五〇冊は読みます」とか自慢する人、「一日に二冊ずつ読んでいる」などと豪語する人、もしかするとあなたの周囲にもいるかもしれません。

4 でも正直に言うと、そういう人に限って、あまり深みのない人物であったりします。むやみに読んだ本の量を自慢する、そういう読書は、インテリジェンスを涵養《かんよう》するのではなく、ペダントリー（pedantry：学問や知識をひけらかすこと）への道を突っ走っているように思います。「オレはもの知りだろう」と片々たる知識をひけらかすオジサンなどは、傍《はた》から見たらあられもなく感じられ、敬遠したくなりますね。

5　そうならないために、同じ読むなら、それがペダントリーではなくインテリジェンスへの道を行くようにしたいと、私は思うのです。

6　では、そうするにはどうしたらよいのか。

7　まず大切なのは、「読んだ本の内容について考える」ことです。読書がその人の叡智《えいち》の形成に作用を及ぼすとしたら、それはたくさん読んだからではなく、本にまつわる「考える営為」のゆえである。だから大切なのは、考え考え読んでいくことなのです。

8　この考える営為は、読んでいる最中のみならず、読む前にも必要です。自分はいま何が読みたいのか、自分にとっていま何が必要なのか、ということをよくよく考えてから読み始めることが大切なのです。外的な契機のない読書に意味はないと私は考えています。

9　量を誇る「読書家」のなかには「キミは、こんな本も読んでいないのかね」などと、相手を威嚇《いかく》する人がいます。

10　江戸時代中期の儒者三浦梅園《ばいえん》は「学文《がくもん》は置き所によりて善悪わかる。臍《へそ》の下よし、鼻の先悪し」と、なかなか洒落《しゃれ》た教訓を残しています。同じ学ぶなら、その学んだ事、読んだ事を、ぐっと臍の下に置いておきたいものです。しかし、鼻の先に「（　B　）」をぶら下げた人物から、そんなふうに言われたほうはコンプレックスを感じ、読まねばならぬような強迫観念に襲われることがあるかもしれません。けれど、興味のない本を読んだところで、まあ、なにもなりません。その読書に費やした努力と時間は、結局無駄になりません。

11 興味を持って読み始めた本でも、実際にはあまり意味がなかった、そういう無駄読みということも少なくありません。［ア］、人生の時間は有限ですから、できるだけ無駄は減らしたいものです。

12 そうすると、いま読むべき本はなんなのか、いま自分にとって必要な知識はなんだろうか、ということを日頃から思いめぐらしていて、それにしたがって読む本を選ぶというプロセスが、読書の前提条件として大切です。それなくして、ただ学校の課題図書だからとか、物知りオジサンから「読んでいて当然だ」と言われたとか、そういう外から与えられた情報のみで本を選ぶと、結局は自分の血肉にはならず、［イ］ペダントリーへの道を行くことになりがちです。

13 同じ時間を費やし、同じ努力をするなら、他人はどうあれ、自分にとって「心の栄養」となるような本を読んで、豊かなインテリジェンスへの道を行きたいものです。

(a) あるいは、一つの事象について、ちょっと別の側面から眺めてみたいという思いが、新しい分野の読書へと導いてくれるかもしれない。

(b) 歴史の本であれ昆虫の研究書であれ、自分の興味のある分野の本をまず一冊手に

1

取ってみる。

(c)そこでまずは、自分が何に対してもっとも興味を感じるか、と考えるところから始めましょう。

(d)良い読書とはこのように、内的な契機から発展して、生きた知識が上積みされて好循環をなしていくものなのです。

(e)その本から一つでも新しいことを知ったり、面白いなあと感動したら、その本のなかで紹介されていたり引用されていたりする別の本を読みたいという欲求が出てくるでしょう。

（林望『役に立たない読書』による）

問一　本文（6～10）の中に、意図的に誤記された箇所が二か所ある。それぞれ五字以内で抜き出し、正しく直せ。

問二　空欄［あ］・［い］に入るものはどれか。最も適当な組み合わせを、次の①～⑤のうちから一つ選べ。

①あ　必要条件　　い　前提条件
②あ　十分条件　　い　絶対条件
③あ　必要条件　　い　十分条件
④あ　前提条件　　い　絶対条件
⑤あ　十分条件　　い　前提条件

問三　空欄〔　A　〕・〔　B　〕に入る語の組み合わせとして正しいものはどれか。最も適当なものを、次の①～⑥のうちから一つ選べ。

①A　知恵　　B　知識
②A　知恵　　B　体験
③A　知識　　B　体験
④A　知識　　B　知恵
⑤A　体験　　B　知識
⑥A　体験　　B　知恵

問四　空欄［ア］・［イ］に入る語はどれか。最も適当なものを、次の①～⑤のうちから、それぞれ一つずつ選べ。ただし、同じ番号を二度以上使用してはならない。

① しかし　② むしろ　③ まずは　④ あるいは　⑤ ところで

問五　本文末の(a)～(e)を、意味が通るように並び替えた場合、三番目に来る文は(a)～(e)のどれか。最も適当なものを、次の①～⑤のうちから一つ選べ。

① (a)　② (b)　③ (c)　④ (d)　⑤ (e)

問六　筆者は「インテリジェンス」とはどのようなものだと言っているか。最も適当なものを、次の①～⑤のうちから一つ選べ。

① 日本人としての最低限の常識
② 自分の血肉となっている生きた知識
③ 読書家に指南された読書によって涵養されるもの
④ 読書に費やした努力と時間に比例するもの
⑤ 知識がただその人の脳細胞に記憶されているもの

【解答欄】

問一（各２点）	↓　↓
問二（４点）	
問三（４点）	
問四（各１点）	ア　イ
問五（３点）	
問六（３点）	

第2講

問題
Question

『日本の一文30選』（中村明）

〔出題：オリジナル問題〕

解答時間	目標得点	学習日	解答頁
15分	12/20点	／	P.15

◆妖艶な桜と男の焦燥

「桜の樹の下には屍体《したい》が埋まっている」という言葉を聞いたことがありますか？　明治生まれの作家、梶井基次郎《かじいもとじろう》の短編作品の冒頭です。生命力が溢れ出るように咲き乱れる桜の姿には、どこか妖艶な魅力がありますよね。夜中に一人で満開の桜を眺めていると、「屍体が埋まっている」という感覚も理解できる気がします。さて、本講『日本の一文３０選』では、坂口安吾《さかぐちあんご》『桜の森の満開の下』を題材として、その文章が名文たる所以《ゆえん》を説明しています。満開の桜の下で恐ろしい出来事に遭遇した男の恐怖や焦燥を、坂口はどのように表現したのでしょうか。言葉を操る巧みな技術に注目です。（西原）

第2講

次の文章は『日本の一文30選』（中村明）の一節で、坂口安吾『桜の森の満開の下』の表現について説明したものである。本文を読んで後の問いに答えなさい。尚、[8]には誤記された語句が一か所ある（問三）。

[1] 気のやさしい山賊が、しばらくいっしょに暮らしてきた女を背負って、満開の桜の森の中に一歩足を踏み入れると、とたんに異様な雰囲気を感じる。振り返ると、背中の女が「口は耳までさけ、ちぢくれた髪の毛は緑」、「全身が紫色」で、「顔の大きな老婆」に見えた。これは鬼だと思い、あわてて振り落とそうとするが、相手は落とされまいと咽喉にしがみつく。その手に力がこもると、男は首が絞まって目の前が暗くなる。夢中で相手の首を絞めたらしく、気がつくと、女はすでに息絶えたのか、地面に横たわったまま身動きひとつしない。

[2] その場面で、作者の坂口安吾は、「彼の呼吸はとまりました。彼の力も、彼の思念も、すべてが同時にとまりました」と書き、「女の死体の上には、すでに幾つかの桜の花びらが落ちてきました」と続ける。

[3] ここでは、その直後に出てくる「彼は女をゆさぶりました。呼びました。抱きました。徒労でした。彼はワッと泣きふしました。」という一節に注目したい。連続する五つの文はすべて短く、しかも、どの文間にも、接続詞がまったく使われていないのだ。(1)どうして、こんな形になったのだろう。

4 まず、この情報をすべて、たった一つの文にまとめてみよう。「彼は女をゆさぶって呼んだり抱いたりしましたが、徒労だったのでワッと泣きふしました」というふうに、全体を一文にまとめたところで、全部で四〇字ほどにすぎず、小説の文の平均程度の長さにしかならない。それをなぜ五つもの文に切り分けたのだろう。

5 短い文に切り離すにしても、「彼は女をゆさぶりました。そして、呼びました。それから、抱きました。しかし、徒労でした。それで、ワッと泣きふしました。」というふうに、接続詞でつなぐ方法もある。それなのに、四つの文間のどの一つも、そういう接続詞でなぜ関連づけなかったのだろうか。

6 実は、この二つの問いはたがいに連動しているのである。全体を一つの文にまとめるためには、「ゆさぶる」「呼ぶ」「抱く」という三つの行動の時間的な前後関係や、それらと「徒労」、その「徒労」と「泣きふす」との因果関係をきちんと認識し、原文では切り離してある個々の文相互の意味関係を決定してかからなければならない。

7 「徹夜で勉強した」と「試験に失敗した」という二つの文を接続詞でつなぐ場合を想定してみよう。多くの人は「しかし」「だが」「けれども」といった逆接の接続詞を想定するだろう。が、反対に、［X］や［Y］といった接続詞でつなぐ人もあるかもしれない。徹夜で勉強したのにそれでも失敗したと考えるか、徹夜なんかするから当日ぼうっとして失敗するんだと考えるかという、人それぞれのとらえ方の違いを反映しているのだ。

8 このように、同じ二つの文が、まったく違った意味関係の接続詞でともに結びつくことのできるのは、接続詞というものが、事実と事実との間にあらかじめ存在する論理関係を客観的に指示するわけではないからだ。つまり、接続詞は、表現する人間が、その両者の関係をどうとらえるかという、自分の考え方を表明する働きをしているのである。その意味では、客観的な面が強いと言うこともできるだろう。

9 こういうふうに考えてくれば、作者がこの場面で一つの行為ごとに文を切り離し、その間に一つの接続詞も置かなかった理由が見えてくる。傍観者の冷静な頭には、それぞれの行為の意味も、たがいの論理関係も当然わかっているが、いっしょに暮らしてきた女を自分の手で殺してしまったのではないかと、現場であわてふためいている渦中の男に、自分の行為の全体像を組み立てる、そんな余裕はない。

10 接続詞抜きで短文の連続する、このあたりの大胆な書き方は、作者が意図的に文間のつながりを断ち切ることによって文章の活力を増大させるとともに、これは大変なことになったと、おろおろしている山賊自身の心理をも映しながら、その現場の空気を忠実に描きとった絶妙の表現であるように思われる。

問一　傍線⑴「どうして、こんな形になったのだろう」という疑問の答えとして適切なものを、次の①～⑤のうちから、一つ選びなさい。

①一緒に暮らしてきた女が鬼に変わったと錯覚し、首を絞めて殺してしまった山賊が狼狽する様子を大げさに表現するため。

②文と文の論理関係は必ずしも一つに定まるわけではなく、状況をどう捉えるかによって接続詞の選択も変わってくるため。

③一緒に暮らしてきた女が実は鬼だとわかったことの衝撃で、冷静な判断ができなくなっている男の心を印象的に示すため。

④一緒に暮らしてきた女を自分の手で殺してしまったのではないかという男の焦りや緊迫した雰囲気を忠実に表現するため。

⑤傍観者の冷静な頭には、おろおろしている山賊の一つ一つの行為の意味も互いの論理関係もわかっていることを示すため。

問二　空欄 X ・ Y に入る接続詞の組み合わせとして適切なものを、次の①～⑤のうちから、一つ選びなさい。

①　X なお　　Y ただし

②　X なぜなら　　Y というのも

③　X だから　　Y それで

④　X もちろん　　Y 確かに

⑤　X そして　　Y しかも

問三 [8]には、誤記されたために文意が通らなくなっている箇所がある（一か所）。その箇所を六字以内で抜き出しなさい。

【解答欄】

問一（8点）	問二（4点）
問三（8点）	

第3講

問題

Question

『多数決を疑う』

（坂井豊貴）

〔出題：オリジナル問題〕

解答時間
15分
目標得点
16／20点
学習日
／
解答頁
P.23

◆「決まり」の外へ

私たちは「他人」と共に暮らしているわけですから、法律や校則、アルバイトの就業規則など、社会生活上の「決まり」を無視するわけにはいきません。でも、「決まりだから守れ」だけでは、「その決まりは正しいのか」とか「どうしてその決まりが必要なのか」ということを考えられなくなってしまいます（社会学者の宮台真司は、「法の奴隷」「言葉の自動機械」と表現しています）。ときには「決まり」の外に出て、その意義を問う姿勢も必要でしょう。本講の文章は「多数決」をテーマとしています。「多数決」というと、無条件で「正しい」気がしますが、その仕組みに問題はないのでしょうか。「多数決の正しさ」を考えます。（西原）

第3講　次の文章を読んで後の問いに答えよ。尚、8〜10の中に誤記された箇所がある（問五）。

1 多数決は人々の意思を適切に集約できるのだろうか。

2 二〇〇〇年のアメリカ大統領選挙を例に挙げよう。当初の世論調査では、民主党の候補ゴアが共和党の候補ブッシュに勝っていた。だが途中で泡沫候補のラルフ・ネーダーが立候補を表明、最終的に支持層が重なるゴアの票を喰い、ブッシュが漁夫の利を得て当選することとなった。多数決は「票の割れ」にひどく弱いわけだ。（中略）

3 多数決のもとで有権者は、自分の判断のうちごく一部に過ぎない「どの候補者を一番に支持するか」しか表明できない。二番や三番への意思表明は一切できないわけだ。だから勝つのは「一番」を最も多く集めた候補者である。そのような候補者は広い層の支持を受けたものとは限らない。極端な話、ある候補者が全有権者から「二番」の支持を受けても、彼らが「一番」に投票するのであればその候補者には1票も入らない。ゼロ票である。

4 多数決の選挙で勝つためには、どの有権者をも取りこぼさないよう細かく配慮するのは不利というわけだ。とにかく一定数の有権者に一番に支持してもらい、投票用紙に名前を書いてもらう必要がある。政治家だって生活がかかっているし、落選するのは辛い。万人に広く配慮したくとも、一番に支持してもらえないと票に結び付かないので、(a)そうしにくい。その結果として選挙が人々の利害対立を煽り、社会の分断を招く機会として働いてしまう。

5 だが(b)これは政治家や有権者が悪いのではなく、多数決が悪いのではないだろうか。しかし多数決を採用しているのは人間である。多数決を自明視する固定観念が悪い。

6 ではいったい私たちは多数決の何を知っているというのだろうか。それはいつ、何を対象として、何のために使われるべきものなのか。利用上の注意点は何か。どんなときに他の手法に取って代わられるべきなのか。多数決をするとしても、重要な物事――例えば憲法改正――を決めるときには、何%の賛成が必要とされるべきなのか。家電製品のように説明書きが要るのではなかろうか。

7 そして、これらの「べき論」は、趣味や嗜好ではなく、論拠や証拠に基づき展開される必要がある。一定の耐震基準を満たさない建築物は、いかにそれが趣味や嗜好に適《かな》っていたとしても、あるいは伝統や宗教が是としようとも、安全性の面から棄却されねばならないように。それは何よりもまずそこに居る人間のためである。

8 社会制度は天や自然から与えられるものではなく、人間が作るものだ。(c)それはいわば最初から不自然なもので、情念より理性を優先して設計にあたらねばならない。「設計」という語に旧共産主義国家の名残を感じ、抵抗を覚える人がいるかもしれない。「理性」と聞くと大袈裟で、説教めいた印象を受ける人もいるかもしれない。だが少し考えてみてほしい。

9 伝統や宗教による支配——それはときに伝統や宗教の名のもとに人が人を服従させることだ——を避けたいならば、自分たちのことを自分たちで決めたいならば、自分たちでそれが可能となる社会制度を作り上げねばならない。これは単なる論理的偶然であり、民主政も共産政もへったくれもない。

10 そして、その作業は面倒なうえ注意深くあらねばならないので、情動のおもむくまま行うわけにはいかない。理性やら知性やら悟性など、使うと疲れるしんどい能力をいやでも用いる必要があるし、歴史に学ぶ必要だってある。

（坂井豊貴『多数決を疑う』による）

問一　傍線部(a)「そう」の説明として適切なものを、次の①～⑤のうちから一つ選びなさい。

①用紙に名前を書いてもらうこと
②政治家も生活が大事であること
③幅広く多くの人に配慮すること
④一番でないと投票されないこと
⑤対立候補を落とそうとすること

問二　傍線部(b)「これ」の説明として適切なものを、次の①～⑤のうちから一つ選びなさい。

①人びとの間で溝が深まること
②多数決は人気投票になること
③有権者の行動が不適切なこと
④社会の分断が修復されること
⑤多数決の自明視が起こること

問三　傍線部(c)「それ」の説明として適切なものを、次の①～⑤のうちから一つ選びなさい。

①社会　②制度　③天　④自然　⑤人間

問四　本文の内容に合致するものを、次の①～⑤のうちから一つ選びなさい。

①多数決は有権者の気持ちをもっともよく反映できる仕組みである。
②多数決は幅広く支持を得た人が当選することのできる制度である。

③社会の分断や利益対立が起こってしまう主な原因は政治家にある。
④伝統や宗教による支配をできるだけ長く維持しなくてはならない。
⑤私たちは注意深く理性的に社会制度を作り上げなくてはならない。

問五 [8]～[10]の中に、反対の意味の語句が書かれているために、文意が通らなくなっている箇所がある。漢字二字の語を抜き出し、正しい語に改めなさい。

【解答欄】

問一（4点）	
問二（4点）	
問三（4点）	
問四（4点）	
問五（4点）	→

第4講

問題

Question

『人新世の「資本論」』

（斎藤幸平）

〔出題：オリジナル問題〕

解答時間	目標得点	学習日	解答頁
15分	17／20点	／	P.31

◆資本主義の《その先》へ

みなさんは「26人＝38億人」という数字を聞いたことがありますか？　「オックスファム報告書」によると、二〇一八年、世界の超富裕層26人と、経済的に恵まれない38億人の所有資産の合計額がほぼ同じだったそうです。こうした凄まじい経済格差の元凶は「資本主義」にありますが、その中で生まれ育った私たちが資本主義に代わる社会を想像するのは容易ではありません。私たちは今「資本主義の終わりより、世界の終わりを想像する方がたやすい」（フレドリック・ジェイムソン）状況に置かれています。資本主義のその先に、僕たちはどう生きるべきか。本講の筆者は新たな社会を想像する大切さを訴えています。（西原）

第4講　次の文章は、斎藤幸平「人新生の『資本論』」の序文である。これを読みあとの問いに答えよ。

1 温暖化対策として、あなたは、なにかしているだろうか。レジ袋削減のために、エコバッグを買った？　ペットボトル入り飲料を買わないようにマイボトルを持ち歩いている？　車をハイブリッドカーにした？

2 はっきり言おう。(1)その善意だけなら無意味に終わる。それどころか、その善意は有害でさえある。

3 なぜだろうか。温暖化対策をしていると思い込むことで、真に必要とされているもっと大胆なアクションを起こさなくなってしまうからだ。良心の呵責《かしゃく》から逃れ、現実の危機から目を背けることを許す「免罪符」として機能する消費行動は、資本の側が環境配慮を装って私たちを欺くグリーン・ウォッシュにいとも簡単に取り込まれてしまう。

4 では、国連が掲げ、各国政府も大企業も推進する「ＳＤＧｓ（持続可能な開発目標）」なら地球全体の環境を変えていくことができるだろうか。いや、それもやはりうまくいかない。政府や企業がＳＤＧｓの行動指針をいくつかなぞったところで、気候変動は止められないのだ。ＳＤＧｓはアリバイ作りのようなものであり、目下の危機から目を背けさせる効果しかない。

5 かつて、マルクスは、資本主義の辛《つら》い現実が引き起こす苦悩を和らげる「宗教」を「大衆のアヘン」だと批判した。ＳＤＧｓはまさに現代版「大衆のアヘン」である。

6 アヘンに逃げ込むことなく、直視しなくてはならない現実は、私たち人間が地球のあり方を取り返しのつかないほど大きく変えてしまっているということだ。

7 人類の経済活動が地球に与えた影響があまりに大きいため、ノーベル化学賞受賞者のパウル・クルッツェンは、(2)地質学的に見て、地球は新たな年代に突入したと言い、それを「人新世《ひとしんせい》」（Anthropocene）と名付けた。人間たちの活動の痕跡が、地球の表面を覆いつくした年代という意味である。

8 実際、ビル、工場、道路、農地、ダムなどが地表を埋めつくし、海洋にはマイクロ・プラスチックが大量に浮遊している。人工物が地球を大きく変えているのだ。とりわけそのなかでも、人類の活動によって飛躍的に増大しているのが、大気中の二酸化炭素である。

9 ご存知のとおり、二酸化炭素は温室効果ガスのひとつだ。温室効果ガスが地表から放射された熱を吸収し、大気は暖まっていく。その温室効果のおかげで、地球は、人間が暮らしていける気温に保たれてきた。

10 ところが、産業革命以降、人間は石炭や石油などの化石燃料を大量に使用し、膨大な二酸化炭素を排出するようになった。産業革命以前には二八〇ｐｐｍであった大気中の二酸化炭素濃度が、ついに二〇一六年には、南極でも四〇〇ｐｐｍを超えてしまった。これは四〇〇万年ぶりのことだという。そして、その値は、今この瞬間も増え続けている。

11 四〇〇万年前の「鮮新世」の平均気温は現在よりも二～三℃高く、南極やグリーンランドの氷床は融解しており、海面は最低でも六m高かったという。なかには一〇～二〇mほど高かったとする研究もある。

12 「人新世」の気候変動も、当時と同じような状況に地球環境を近づけていくのだろうか。人類が築いてきた文明が、存続の危機に直面しているのは間違いない。

13 近代化による経済成長は、豊かな生活を約束していたはずだった。ところが、「人新世」の環境危機によって明らかになりつつあるのは、 (3) 、まさに経済成長が、人類の繁栄の基盤を切り崩しつつあるという事実である。

14 気候変動が急激に進んでも、超富裕層は、これまでどおりの放埒《ほうらつ》な生活を続けることができるかもしれない。しかし、私たち庶民のほとんどは、これまでの暮らしを失い、どう生き延びるのかを必死で探ることになる。

15 そのような事態を避けるためには、政治家や専門家だけに危機対応を任せていてはならない。「人任せ」では、超富裕層が優遇されるだけだろう。だからより良い未来を選択するためには、市民の一人ひとりが当事者として立ち上がり、声を上げ、行動しなければならないのだ。

16 この正しい方向を突き止めるためには、気候危機の原因にまでさかのぼる必要がある。その原因の鍵を握るのが、資本主義にほかならない。なぜなら二酸化炭素の排出量が大きく増え始めたのは、産業革命以降、つまり資本主義が本格的に始動して以来のことだからだ。そして、その直後に、資本について考え抜いた思想家がいた。そう、カール・マルクスである。

17 本書はそのマルクスの『資本論』を折々に参照しながら、「人新世」における資本と社会と自然の絡み合いを分析していく。もちろん、これまでのマルクス主義の焼き直しをするつもりは毛頭ない。一五〇年ほど眠っていたマルクスの思想のまったく新しい面を「発掘」し、展開するつもりだ。

18 この「人新世の『資本論』」は、気候危機の時代に、より良い社会を作り出すための想像力を解放してくれるだろう。

問一　傍線⑴「その善意だけなら無意味に終わる。それどころか、その善意は有害でさえある」とあるが、その理由の説明として適切なものを、次の①～⑤のうちから一つ選べ。

① 温暖化対策をしていると思い込むことで、資本主義社会の維持のための大胆な行動をとる可能性が否定されてしまうから。

② 環境問題の根本的な原因が資本主義にある以上、従来のマルクス主義の教えをそのまま行動に移すことの方が重要だから。

③ 表面的な対策で満足してしまうと、資本主義自体を反省してより良い社会を作るという根本的な態度が生まれないから。

④ 地球温暖化は世界規模の問題だが、それを解決するには、市民一人ひとりが環境に配慮した生活を心がけていくしかないから。

⑤ 地球温暖化の影響を直接受けるのは庶民であり、超富裕層は、気候変動の中でも従来通りの豪華な暮らしを続けられるから。

問二　傍線⑵「地質学的に見て、地球は新たな年代に突入したと言い、それを「人新世《ひとしんせい》」（Anthropocene）と名付けた」とあるが、現代を「人新世」と呼ぶ根拠として、筆者はどのような事実を挙げているか。次の①～⑥のうちから二つ選べ。

① 多くの人がエコバッグやマイボトルを持ち歩いている。

② 企業がＳＤＧｓを行動の基本的な指針として掲げている。

③ 人間が排出する二酸化炭素の量が急激に増加している。

④ ビルなどの人工的な建造物が地表を埋め尽くしている。

⑤四〇〇万年前と比べ海面が最低でも六ｍ上昇している。
⑥市民の一人ひとりが資本主義に反対する声をあげている。

問三　空欄⑶に入る言葉として最も適切なものを、次の①〜⑤のうちから一つ選べ。

①皮肉なことに　②幸いなことに　③不運なことに　④大胆なことに　⑤面倒なことに

問四　次の文は、ある段落末に書かれていたものである。⑫〜⑱の中から、その段落を探し、数字で答えよ。

そうはいっても、ただ闇雲に声を上げるだけでは貴重な時間を浪費してしまう。正しい方向を目指すのが肝腎となる。

4

【解答欄】

問一（8点）	問二（各3点）	問三（3点）	問四（3点）
	・		

第5講

問題
Question

『子供の領分』

（吉行淳之介）

〔出題：オリジナル問題〕

解答時間	目標得点	学習日	解答頁
15分	12／20点	／	P.43

◆繊細微妙な子供の領分

「子供」は、「純真」「無垢《むく》」な存在としてイメージされることがあります（赤ちゃん用オムツのパッケージでは、〝天使のように〟可愛らしい子供が微笑んでいますよね）。しかし現実を眺めれば、子どもは意外と賢く（あるいは小狡《こずる》く）考えを巡らせています。人間関係の微妙なバランスにも敏感で、仲の良い友達に対してさえ（仲が良いからこそ？）、優越感や劣等感、ライバル意識など、子供なりに様々な思いを抱いています。本講で扱う『子供の領分』は、そういった子供たちの感情の機微を見事に描き出した作品です。（西原）

第5講

次の文章は吉行淳之介「子供の領分」の一部である。文中のAとBは小学五年生で、同じ学校に通う友人である。これを読んで後の問いに答えなさい。

やがて冬になった。

ある日、積雪があった。

AとBは、雪だるまをつくった。二人とも、手袋を嵌《は》めて、雪の球をころがしていた。

その様子を、Aの祖母が窓から首を出して眺めていた。その祖母に気づくと、Bは手袋を嵌めた手を差し示して、笑顔をつくった。

祖母がAをさし招いた。そして、小声で言った。

「あの子は、可愛いところのある子だね。去年あげた手袋を、今年もちゃんとはめているよ」

そこで、Aははじめて(ア)Bの仕種の意味が分った。前の年の冬、やはり雪の積った日、AとBは雪だるまを作っていた。Aは手袋を嵌めていたが、Bの素手は赤く腫れて、霜焼けていた。祖母がそれをみて、Bに手袋を贈った。新しい手袋ではなく、Aの嵌めている手袋をBに渡し、Aには新しい手袋を与えてくれたのである。

そして、一年経った積雪の日、窓から覗《のぞ》いていた祖母を喜ばしたBの仕種は、

「貰った手袋は大切に取っておいて、今年もはめていますよ」

というものだった。

　あらためて、AはBの笑顔を眺めた。「Bが喜んでいてくれる」というよろこばしさと、「Bに恩恵を施した」という気持とが、Aの心の中で混じり合って動いた。しかし、そのとき心で動いたものは、(イ)その二つの感情だけではないようにAにはおもえた。それが何か、たしかめようと考えながらBの笑顔に相変わらず眼を向けていると、Bの顔が笑顔のままかすかに強張《こわば》ったようにおもえた。

　その瞬間、Bが言った。

「Aちゃん、屋根に登ろうよ。雪の積った屋根って、きっと面白いぜ」

　その言葉に、むしろ救われた気持になり、Aはいそいで屋根に登った。

　(ウ)雪は降りやんで薄陽が射しており、平屋建の家屋の屋根は銀いろに光る斜面になっていた。AとBは、屋根の二つの斜面が交わる稜線に跨がって、あたりの雪景色を眺めまわした。

　二人の少年の視線は、遠くの方からしだいに近くに移り、やがて自分たちの足もとに戻ってきた。

「いいスロープができているなあ」

　Bは銀色の斜面に眼を落して、

「ちょっと、滑ってみようか」

　と言い、はやくも軀《からだ》の位置を動かしはじめた。

「あぶないよ」

Aが言ったときには、すでにBは立上って、足もとにひろがっている白い勾配《こうばい》に眼を落していた。幾分ふざけ気味にスキーをしている姿勢を取った瞬間、腰がくだけて尻もちをつき、そのまま斜面をずるずると滑り落ちて行った。そして、腰をおとした姿勢のままその軀が軒から飛び出し、あっけなく消え失せた。

「わあ――」

Bの叫び声が空間に残り、そのまま静かになってしまった。平たく綺麗に降り積った屋根の雪の上に、Bの滑った尻の跡が、真一文字に幅広く残っている。

「おーい――」

Aは大声で呼び、おもわず立上ったが、よろめいてすぐに屋根の稜線の上に腰をおとした。しばらく、雪に覆われた風物と白い屋根のひろがりの中に、すべての音が吸い取られてしまう時間があった。

すると、屋根のすぐ傍の塀の上に、ひょっくりBの頭が浮び上ってきた。健康な色で赤く盛り上った頬の上に、笑っている細い眼があった。

「はっはっは、失敗、失敗」

機嫌よくBは言い、塀から屋根に移ってきた。

「だいじょうぶかあ」

「だいじょうぶさ。下もいっぱい雪が積っていてね、ふとん綿の上にストンと落ちたみたいなものだった」

Ｂの頬の赤さは、寒気のためばかりでなく、愉快な冒険をした昂奮《こうふん》の色のように、Ａの眼に映った。Ｂが無事だったことに、Ａは安堵し、Ｂの愉快さがそのまま素直にＡに伝わってきた。

「はっは、びっくりしたよ。だけど、さっきの君の恰好は、なかなか傑作だったよ」

海水浴場の飛込台の上に、背筋を伸ばして立つ。周囲の眼を意識して、ゆっくりと両手を前に水平に挙げる。颯爽としたダイビング、とおもった瞬間、空間に投げ出したその男の手足がばらばらになり、尻から海面にストンと落ちる。そのような光景をＡは連想し、そういうＢに、Ａは暖い友情を持った。

その滑稽な恰好は、Ｂが勇者であることを傷つけてはいない。かえって、「Ｂは冒険のできる男だ」ということが、反撥することなくＡの心に収まるのに役立つ。

ＡとＢとは、あらためて腹の底から笑い合い、雪の積った屋根の上で、二人の少年の関係はこの上なく滑らかであり、陽に照らされて銀色に輝いていた。

5

問一　傍線部(ア)「Bの仕種の意味」の説明として最も適切なものを、次の①～⑤のうちから、一つ選べ。

①屋外で雪遊びを続けるには、手袋が欠かせないことを示している。
②去年Aの祖母からもらった手袋が、まだ使えることに驚いている。
③自分が嵌めている手袋に注目してもらい、自慢しようとしている。
④昨年貰った手袋を使い続けていることを示し、感謝を表している。
⑤昨年同様に、もう一度手袋を貰いたいという気持ちを示している。

問二　傍線部(イ)「その二つの感情だけではない」とあるが、「その二つ」以外にどのような感情があったのか。その説明として最も適切なものを、次の①～⑤のうちから、一つ選べ。

①祖母に気を遣って生活することに疲れを感じている。
②二人の友情は今後も長続きするだろうと感じている。
③Bが喜んでくれたことを素直にうれしく思っている。
④Bに恩恵を施してあげたという優越感に浸っている。
⑤Bが気を遣い媚びた態度をとっていると疑っている。

問三　傍線部(ウ)「雪は降りやんで薄陽が射しており」とあるが、その表現上の働きを説明したものとして最も適切なものを、本文全体の内容を踏まえて、次の①～⑤のうちから、一つ選べ。

①AとBのぎくしゃくした関係が改善されていくことを示唆する働き。
②AとBの友人関係が、Bの言葉によって崩れていくことを示す働き。
③AとBの不安定な関係性が、永遠に続いていくことを予言する働き。
④AとBの微妙な関係性が、祖母の言葉で修復される結末を示す働き。
⑤AとBの間に結ばれた友情が次第に失われてしまうことを示す働き。

【解答欄】

問一（4点）	問二（8点）	問三（8点）

第6講

問題
Question

『戦後精神の経験Ⅱ』

（藤田省三）

〈出題：中央大〉

解答時間	目標得点	学習日	解答頁
15分	40／50点	／	P.53

◆早坂隆『世界の日本人ジョーク集』

〈ある豪華客船が航海の最中に沈みだした。船長は、船から脱出して海に飛び込むよう、それぞれの外国人乗客にこう言った。アメリカ人には「飛び込めばあなたは英雄ですよ」。イギリス人には「飛び込めばあなたは紳士ですよ」。ドイツ人には「飛び込むのがこの船の規則となっています」。イタリア人には「飛び込むと女性にもてますよ」。フランス人には「飛び込まないでください」。日本人には――「みんな飛び込んでますよ！」。〉……たしかに、日本人は同質性が高いとよくいわれる。「みなと同じであること」を良しとする傾向がある。そのような傾向は、プラスにもマイナスにも働くが、さて、次の文章ではどうだろう。（輿水）

第6講　次の文章を読んであとの問いに答えよ。

1 日本社会は、圧倒的に同質性が強く、同質なるものを好み、異質なるものを毛嫌いする。これが、日本人が隣人や少数者や自然の破壊を簡単にやってしまう根本動機のひとつです。異質なるもの、他者なるものを毛嫌いするということは、自分以外のものを知ろうとする意欲が欠けているということです。

2 好奇心というのは、そもそも違うものに好奇心をもつのであって、自分に好奇心をもつなどということはありえない。※ロナルド・ドーアさんは「日本語にない、したがって日本人の中にないものはキュリオシティである」といったことがある。普通「キュリオシティ」は「好奇心」と訳していますけれど、もちろん「好奇心」という日本語を知らないドーアさんではないから、この訳語に異論を唱えているわけです。好奇心というのは、ごく珍しいもの、たとえば見世物小屋《みせものごや》にたかるようなものをいう。「キュリオシティ」は違うのだというのです。

3 それはまず無償《むしょう》のものである。それは自分と違ったものに対して興味をもつということであって、それへの報酬《ほうしゅう》を期待してはだめなんです。日本人は報酬を期待する、つまりすべてのものを商品として扱う。それは「キュリオシティ」には反します。

4 もうひとつは、自分と違うものに対する愛情だ、というのです。そういうものが「キュ

※…イギリスの社会学者、日本研究家（一九二五〜二〇一八）。

リオシティ」の特徴で、自己愛の社会である日本にはない、といわれたドーアさんの洞察は、非常に鋭いと思って私は感心したのです。

5 日本にはペットブームはあるけれど、動物に対するほんとうの愛はない。ペットは会社への献身《けんしん》と同じく、自分が独立して居《お》れないものだから、自分の分身のように仕込んで、それを撫《な》でているので、自分を撫でているのと同じなんです。自由なる状態にした動物を愛する、家畜化されない野生の動物をこそ愛する、そう努力することによって人間社会への反省的自覚が生れる、という風に生きる人は日本には多くはいない。

6 動物は敏感ですから飼われた瞬間に萎縮《いしゅく》して、ノイローゼになる。ペットというのはノイローゼが日常化した状態なんです。他者を日常的にノイローゼにして自らを慰《なぐさ》めているのが、同質性だけを好む日本社会の状況でしょう。

7 そこには排除だけがあって、キュリオシティ——つまり無償性と自分と違うものに対する愛情、自分と違うものの独立性を心底から承認して、そのうえで、そのものについて知りたいという感覚ですが、それがありません。他者を他者として愛するということは、逆に言えば、自分の限界を知りたいということで、そこで自己批判の精神とつながるわけです。

（藤田省三『戦後精神の経験Ⅱ』より）

問一　筆者は「キュリオシティ」とは本来どのようなものであると述べているか。もっとも適当と思うものを次の中から一つ選べ。

①自分と相手とに共通する長所を認める気持ち
②珍奇なものに対する興味本位の野次馬根性
③異質な他者について正しく認識しようとする態度
④野生の状態を保とうとする動物愛護の精神
⑤他人を自分と等身大のものとして理解しようとする態度

問二　この文章の主張として適当なものを次の中から一つ選べ。

①同質性の高い日本社会には、キュリオシティはあるが好奇心はない。
②同質性の高い日本社会には、好奇心はあるがキュリオシティはない。
③日本にはペットブームはあるが、動物に対するほんとうの愛はない。
④他者を他者として愛する日本社会は、自己批判の精神が育ちやすい。
⑤キュリオシティは、無償性と自分と違うものに対する愛情のことだ。

問三　次の文①〜⑤のそれぞれについて、本文の筆者の考え方と合致していると思うものに対してはA、合致していないと思うものに対してはBの符号で答えなさい。

①私は私、あなたはあなたと割り切ってしまうので、「キュリオシティ」の精神からは人間的な連帯が生まれにくい。
②自分以外の他者を正しく知ろうとする努力が自分を突き放して客観的に眺めることに通じる。

③自分以外のものの独立した存在を認める精神は、ヨーロッパにも日本にも共通する精神である。

④日本社会は同質性が高い社会であるので、人びとの間の協力関係が強固である。

⑤同質性を尊重しすぎて自己と他者との区別を見失うと、異質なものを排除してしまう危険性がある。

問四　（チャレンジ問題　余裕があればやってみよう）本文の内容を１００字以内で要約せよ。

【解答欄】

問一（10点）

問二（10点）

問三（各６点）

①

②

③

④

⑤

問四

第7講

問題
Question

『「できる人」はどこがちがうのか』

（齋藤孝）

〔出題：名城大（改題）〕

解答時間	17分
目標得点	35／50点
学習日	／
解答頁	P.63

◆「何をやらせても上手な人」の秘訣

「何をやらせても上手な人」がいる。勉強もできる、運動もできる、絵もうまいし料理もうまい。この人と自分とではできが違うのだ、とてもかなわない……と嘆息《たんそく》するしかないような人が、世の中にはいる。しかし、そのような人が皆、なんの苦労もなしに上手になったわけではないだろう。もとからなんでもできてしまう人もいるにはいるだろうが、皆が皆、そうとは限らない。我々凡人《ぼんじん》にも、「何をやらせても上手な人」への道は開かれているのではないか？　そこには何か「秘訣」があるのではないか？　その「秘訣」を教えてくれるのが、今回の文章だ。心して読もう。（輿水）

第7講　次の文章を読んで、後の問いに答えなさい。

1　いつの時代も、親は子どもに成長してもらいたいと願っている。社会構造の変動が比較的少ない時代には、親が覚えている仕事のノウハウや心構えを、そのまま子どもに伝えれば子どもは親のaあとを継ぐことができた。かつては、世代が変わっても次の世代がおよそ同じ事をすることができるようにするための「世代間伝授」が行われてきた。

2　しかし、再生産（リプロダクション）を主目的として伝承を行い得た時代とは、現代は事情が異なる。情報革命を核とした世界的な社会構造変革の波の中で、親は子に、上の世代は下の世代に、「何を伝承したらよいのか」がわかりにくくなってきている。バブル期の社会的倫理bきはんの崩壊とその後のバブルc崩壊による不況の長期化によって、大人たち自身が子どもたちに対して、「伝えるべきこと」や「d鍛えるべきこと」に関して自信を失ってきている。

3　大人が確信を持って伝授・伝承すべきものを持たない社会は、当然不安定になる。たとえ子どもたちの世代が、(1)それに反抗するにしても、そのような伝承する意志には意味がある。世によく言われる子どもの問題の多くは、「子どもたちに何を伝えるべきなのか」について大人たちが確信や共通認識を持てなくなったことに［A］している。

4　では、この変化の激しい現代日本社会において、大人が子どもに伝えるべきものとは、何なのだろうか。

5　B 言えば、それは、(2)「およそどのような社会に放り出されても生き抜いていける力」であろう。とはいえ、現代は原始時代ではないのだから、「生きる力」は単純生物学的な生命力だけを意味するわけではない。もちろんこの単純な生命力はあらゆる活動の基本となるものであるから、これをeかっせい化させる意義は大きい。それを前提とした上で、現代社会における「生きる力」とは、具体的にはどのようなものなのだろうか。

6　私が考えるに、この「生きる力」とは、(3)「上達の普遍的な論理」を経験を通じて〈技化〉しているということである。どのような社会にも仕事はある。たとえ自分が知らない仕事であっても、仕事の上達の筋道を自分で見出すことができる普遍的な力をもし持っていれば、勇気を持って新しいfりょういきの仕事にチャレンジしていくことができる。

7　このように言うと一見gちゅうしょう的なようだが、周りを見渡せばこれを技化している人間がいることに気づくのではないだろうか。私自身は、上達の論理の技化ができている人にこれまで何人も出会ってきた。その中で印象的であったのは、イラン人のピリさんという人である。

8　ピリさんとは、私の自宅の近くの駅で出会った。彼の友達が探している家への道を聞かれ、案内した。一緒に歩いているうちに意気投合して、彼のアパートへ招かれ、カレーをごちそうになった。彼とは日本語と英語を交えて、会話をした。日本に来て三ヶ月程度で、しかもそれ以前に日本語は習ったことがなかったにもかかわらず、コミュニケーションを日本語で充分とることができた。これは私にとっては、驚異的なことであった。ピリさんは英語もまた数ヶ月程度しか学んでいないのに、英語でのコミュニケーションもある程度できた。

9 彼の言語の学習の仕方は、徹底的に自学自習主義であった。テレビやラジオから言葉を聞き取り、それをノートにとって反復して覚えたり、積極的に日本人と話すことによって[h]じっせん的に会話力を鍛えていた。彼は、向学心にあふれ、分からない日本語があるとどういう意味なのかとすぐに聞いてきた。彼は、当時流行っていたブレイクダンスをやって見せてくれた。「どこで習ったのか」と聞いたが、彼は少し驚いたように、「どこでも習っていない。うまい人がやっているのを見て、それを何度もまねて、自分で練習して覚えた」と答えた。

10 彼は渋谷のレストランで仕事をしていて、そこの給料でアパートを借りて暮らしていた。彼は仕事では、わりといい給料をもらっていた。どうして仕事がそんなにできるのかと尋ねたが、答えは同じく「よく見て、まねをすればいい」ということだった。たとえばサラダを作るのなどは簡単で、一回見れば覚えてしまう。それを他の人にはできないほど速くやるようにしたので、店で評判がよくなったと言っていた。

11 イラン人が皆、このような生き抜く力を持っているわけでは、必ずしもない。来日三ヶ月のピリさんに頼っている同郷の友人も、かなりいたようだ。ピリさんは何をやるに際しても、自分は上達するという確信を持っているようであった。特定の事柄についてではなく、上達一般に自信をもっていた。うまい人のやることをよく見て「技をまねて盗む」ということが、上達の大原則にすえられていた。

12 うまい人のやることをよく見て、その技をまねて盗む。これが上達の大原則である。こんなことは当然だと思う人が多いかもしれない。しかし、それを強い確信を持って自分のじっせんの中心に置くことができているかどうか。それが勝負の分かれ目なのである。学校教育をはじめ日本の教育の場の多くでは、この〈まねる（盗む）力〉は、上達の論理の大原則として明確に認知されてはいない。それどころか、日本の教育においては、上達の普遍的な論理の技化ということ自体が主題として認識されているとは言いがたい。

（齋藤孝『「できる人」はどこがちがうのか』より）

7

問一　傍線部⑴は何に反抗すると言っているのか。次の中から一つ選んで記号で答えなさい。
①子どもたちの世代
②情報革命を核とした世界的な構造変革の流れ
③大人が子どもたちに対して伝授・伝承すべきものを持たない社会
④大人が子どもに伝えるべきことについて共通認識を持てなくなったこと
⑤大人が子どもたちに対して伝授・伝承しようとするもの

問二　傍線部⑵の「およそどのような社会に放り出されても生き抜いていける力」が必要になったのはなぜか。次の中から一つ選んで記号で答えなさい。
①現代では、子どもに対して無責任な大人が増えているので、子どもは大人の助けを期待できなくなっているから。
②バブル期に社会秩序が乱れただけでなく、その後のバブル崩壊によって不況が長期化しているから。
③現代では、大人が子どもに何を伝えるべきかについて、確信や共通認識を持てなくなっているから。
④変化の激しい現代日本社会では、今後どのような社会になっていくのかが分からなくなっているから。
⑤グローバル化の進む現代においては、将来仕事をする場が必ずしも日本国内であるとは限らないから。

問三　空欄［A］・［B］に入れるのに最も適当な言葉を、次の中からそれぞれ一つずつ選んで記号で答えなさい。
A　①包含　②要因　③拘泥　④起因　⑤究極
B　①比喩的に　②具体的に　③突っ込んで　④還元的に　⑤端的に

問四　傍線部(3)「上達の普遍的な論理」とはどういうことか。本文中から二十五字以上三十字以内の表現を抜き出して答えなさい。ただし、句読点は字数に含まない。

問五　傍線部 a〜h において、ひらがなは漢字に、漢字はひらがなになおして答えなさい。漢字は楷書で答えること。

【解答欄】

問一（6点）	
問二（10点）	
問三（各5点）	A
	B
問四（8点）	
問五（各2点）	a
	b
	c
	d
	e
	f
	g
	h

第8講

問題
Question

『イメージの心理学』（河合隼雄）

〔出題：センター試験〕

解答時間	目標得点	学習日	解答頁
20分	40／50点	／	P.75

◆科学の限界

「厳密に医学生理学的な言語を用いるならば、『あなたは恋をしている』という代わりに、『あなたの脳内は、ドーパミンとノルアドレナリンの分泌量が増加し、セロトニンの分泌量が低下した状態にある』と表現しなければなりません」（高橋昌一郎『感性の限界』）。私たちは、科学的であることを「正しい」と思い、非科学的であることを「間違っている」と思いがちだ。しかし科学は恋愛感情すらも、脳内物質の分泌量に還元《かんげん》してしまう。生きることの喜びや哀しみは、あるいは自分の存在価値は、科学では測れない。私たちには、非科学的で主観的な思い込みが必要なのかもしれない。筆者の言葉に耳を傾けてみよう。（輿水）

第8講　次の文章を読んであとの問いに答えよ。

1　人間がこの世に生きてゆくためには、いろいろなことをしなくてはならない。自分を取り巻く環境のなかで、うまく生きてゆくためには、環境について多くのことを知り、その仕組みを知らねばならない。このために、(1)自然科学の知が大きい役割を果たす。自然科学の知を得るために、人間は自分を対象から切り離して、客体を観察し、そこに多くの知識を得た。太陽を観察して、それが灼熱《しゃくねつ》の球体であり、われわれの住んでいる地球は自転しつつ、その周りをまわっていることを知った。このような知識により、われわれは太陽の運行を説明できる。

2　このような自然科学の知は、「自分」を環境から切り離して得たものであるから、誰《だれ》に対しても(ア)フ遍的に通用する点で、大きい強みをもっている。自然科学の知はどこでも通用する。しかし、ここで一旦《いったん》切り離した自分を、全体のなかに入れ、自分という存在とのかかわりで考えてみるとどうなるか。なぜ、自分はこのような太陽の運行と関連する地球に住んでいるのか。自分は何のために生きているのか、などと考えはじめるとき、自然科学の知は役に立たない。それは、出発の最初から、自分を抜きにして得たものなのだから、当然のことである。太陽の動きや、はたらきは、自分と無関係に説明できる。しかし、他《ほか》ならぬ自分という存在と、太陽とは、どうかかわるか。

3 太陽と自分とのかかわりについて、(A)(2)確たる知を持って生きている人たちについて、ユング※1は彼の自伝のなかで述べている（『ユング自伝Ⅱ』）。ユングが旅をしてプエブロ・インディアン※2を訪ねて行ったときのことである。インディアンたちは、彼らの宗教的儀式や祈りによって、太陽が天空を運行するのを助けていると言うのである。「われわれは世界の屋根に住んでいる人間なのだ。われわれは太陽の息子たち。そしてわれらの宗教によって、われわれは毎日、われらの父が天空を横切る手伝いをしている。それはわれわれのためばかりでなく、全世界のためなんだ」とインディアンの一人は語った。彼らは全世界のため、太陽の息子としての勤めを果たしていると確信している。これに対して、ユングは次のように『自伝』のなかで述べている。

「そのとき、私は一人一人のインディアンにみられる、静かなたたずまいと『気品』のようなものがなにに由来するのかが分かった。それは太陽の息子ということから生じてくる。彼の生活が宇宙論的意味を帯びているのは、彼が父なる太陽の、つまり生命全体の保護者の、日毎《ひごと》の出没を助けているからである」

4 インディアンたちは、彼らの「(3)神話の知」を生きることによって、ユングが羨望《せんぼう》を禁じ得ない「(B)気品」をもって生きている。これに対して、近代人は何とせかせかと生きていることか。近代人は(4)豊かな科学の知と、極めて貧困な精神とをもって生きている。ここで、インディアンたちが彼らの神話の知を、太陽の運行にかかわる「説明」として提出するとき、

※1…スイスの精神医学者（一八七五～一九六一）。分析心理学の創始者。

※2…北アメリカ南西部に居住し、定着農耕を営んできた先住民族の総称。

われわれはその幼(イ)チさを笑いものにすることができる。しかし、(C)それを、自分をも入れこんだ世界を、どうイメージするのかという、コスモロジー※3として論じるとき、われわれは笑ってばかりは居られない。

5 自然科学の知があまりに有効なので、近代人は誤って、コスモロジーをさえ(5)近代科学の知のみに頼ろうとする愚を犯してしまったのではなかろうか。自然科学の知をそのまま自分に「適用」してコスモロジーをつくるなら、自分の(ウ)ヒ小さ、というよりは存在価値の無さに気落ちさせられるであろう。自分がいったい何をしたのか「計量可能」なものによって測定してみる。相当なことをしたと思う人でも、宇宙の広さに比べると無に等しいことを知るだろう。特に、死のことを考えると、それはますます無意味さを増してくる。

6 このあたりのことにうすうす気づいてくると、自分の存在価値を見出《みいだ》すために、安易な「神話」でもつくり出すより仕方がなくなって、「若いときには」自分はどうした、こうした、というような安価な「神話」を語って、近所迷惑なことをする。あるいは、宗教家という人たちも、コスモロジーについて語るよりは、安易な道学者になってしまう。つまり、「よいこと」を、これほど沢山《たくさん》している、というくらいのことを誇りとしないと、自分の存在価値を示せないのである。

7 古来からある神話を、事象の「説明」であると考え、未開の時代の自然科学のように誤解したため、神話や昔話などの価値を近代人はまったく否定してしまった。確かに自然科学

※3…宇宙論。

8

によって、自然をある程度支配できるようになったが、それと同じ方法で、自分と世界とのかかわりを見ようとしたため、近代人はユングも指(エ)テキするように、貧しい生き方、セカセカした生き方をせざるを得なくなったのである。

もちろん、だからと言ってわれわれはすぐに、プエブロ・インディアンのコスモロジーをそのままいただくことはできない。われわれは既に多くのことを知りすぎている。われわれとしては、自分にふさわしいコスモロジーをつくりあげるべく各人が努力するより仕方がないのである。われわれは、エレンベルガー※4の表現を借りるなら、自分の無意識の神話産生機能に頼らねばならない。しかし、そのことをするための一助として、古来からある神話や昔話を「非科学的」「非合理的」ということで簡単に(オ)ハイ斥するのではなく、その本来の目的に沿った形で、その意義を見直してみることが必要であろう。

（河合隼雄『イメージの心理学』による）

※4…スイスの精神医学者（一九〇五～一九九二）。

問一　傍線部(ア)〜(オ)は熟語の一部であるが、これにあたる漢字を含むものを、次の各群の①〜⑤のうちから、それぞれ一つずつ選べ。

(ア)　フ遍的
① 事実とよくフ合している
② それはフ朽の名作である
③ パソコンが職場にフ及する
④ 税金のフ担を軽くする
⑤ 事件にフ随して問題が起こる

(イ)　幼チ
① 生涯のチ己に出会う
② 世界大会を誘チする
③ 会議によくチ刻する
④ 川にチ魚を放流する
⑤ 厚顔無チと責められた

(ウ)　ヒ小
① ヒ境への旅を企画する
② 罪状をヒ認する
③ ヒ凡な才能の持ち主である
④ ヒ近な例を挙げて説明する
⑤ 安全な場所へヒ難する

(エ)　指テキ
① あの二人は好テキ手だ
② 汚職をテキ発する
③ 快テキな生活が約束される
④ 内容を端テキに説明する
⑤ 窓ガラスに水テキがつく

(オ)　ハイ斥
① 三回戦でハイ退する
② 核兵器のハイ絶を訴える
③ ハイ気ガスが空気を汚す
④ それはハイ信行為である
⑤ 細かなハイ慮に欠ける

問二　波線部(1)〜(5)に用いられている「知」を、その内容によってａ・ｂ二つのグループに分けるとすると、どのように分けたらよいか。その組合せとして最も適当なものを、次の①〜⑥のうちから一つ選べ。

①　ａ　自然科学の知、確たる知、豊かな科学の知
　　ｂ　神話の知、近代科学の知
②　ａ　自然科学の知、確たる知、近代科学の知
　　ｂ　神話の知、豊かな科学の知
③　ａ　自然科学の知、豊かな科学の知、近代科学の知
　　ｂ　確たる知、神話の知
④　ａ　自然科学の知、近代科学の知
　　ｂ　確たる知、神話の知、豊かな科学の知
⑤　ａ　自然科学の知、豊かな科学の知
　　ｂ　確たる知、神話の知、近代科学の知
⑥　ａ　自然科学の知、確たる知
　　ｂ　神話の知、豊かな科学の知、近代科学の知

問三　傍線部(A)「確たる知を持って生きている」とは、どういうことか。その説明として最も適当なものを、次の①〜⑤のうちから一つ選べ。

①　固有の信仰を守ることによって、宇宙における自己の役割を果たしているということ。
②　自然科学を無視して、自らを中心とする宇宙観でしか行動しないということ。
③　自分と自分を取りまく宇宙との関係を科学的に説明するということ。

8

④自らがなによりもこの宇宙の中心であると信じて疑わない生き方をしているということ。
⑤自分という存在なしには宇宙はありえないと思いこんで、自己を賛美するということ。

問四　傍線部(B)「気品」とあるが、その気品は、何から生まれてくるのか。その説明として最も適当なものを、次の①〜⑤のうちから一つ選べ。
①自分たちが、宇宙全体の支えであり、その宇宙の中心であるという自負から。
②自分たちは、宗教的生活を通じて世界に役立っているのだという確信から。
③自分たちが、科学で解明できないものまでもすべて説明できるという誇りから。
④自分たちは、宗教や儀式によって、環境と一体になっているという信仰から。
⑤自分たちが、宇宙全体を支配しており、その頂点に立っているという自信から。

問五　傍線部(C)「それを、自分をも入れこんだ世界を、どうイメージするのかという、コスモロジーとして論じるとき、われわれは笑ってばかりは居られない」とあるが、なぜ「笑ってばかりは居られない」のか。その理由として最も適当なものを、次の①〜⑤のうちから一つ選べ。
①「自然科学の知」の科学性が希薄になり、「神話の知」の優位性を是認することになるから。
②「自然科学の知」の非科学性が露呈し、「神話の知」の科学性が際立つことになるから。
③「自然科学の知」の万能性が崩壊し、「神話の知」の神秘性が新たな価値基準になるから。
④「自然科学の知」の限界が意識され、「神話の知」の存在意義を再確認する必要が出てくるから。
⑤「自然科学の知」に依存する現代社会を否定し、「神話の知」を母胎とした前近代社会を肯定することになるから。

問六　本文で述べられている筆者の主張に最もよく合致するものを、次の①〜⑤のうちから一つ選べ。

① 自然科学の知は、人類に大きな貢献を果たしたが、その限界も見えはじめている。われわれは科学への依存を断念し、めいめいがその自然観を確立し、古代へと回帰しながら神話の知を再発見すべきである。

② 人間存在の証《あかし》を求める神話の知は、自然を客体化して発達した自然科学の知によって裏付けられてきた。これからはその客観性を一層深め、それを生命の意義の解明に生かす必要がある。

③ 人間存在の根源は、自然科学の方法だけでは把握しきれない。われわれは、神話や昔話に込められた人間の尊厳や価値についてあらためて考察し、めいめいの世界観を創造しなければならない。

④ 近代の自然科学は、われわれに多くの恩恵と弊害《へいがい》をもたらした。その弊害を回避するために、古代の神話や昔話の世界にもどって、生命や宇宙の原初的な意味を探究しなければならない。

⑤ 自然科学がいかに発達しても、広大無辺な宇宙を解明しつくすことはできない。その限界を打破するのはわれわれの生の証としての神話の知であり、それを解明してわれわれははじめて永遠性を獲得することができる。

【解答欄】

問一（各2点）		
(ア)	(イ)	(ウ)
(エ)	(オ)	

問二（6点）	問三（8点）	問四（8点）	問五（8点）	問六（10点）

問題
Question

『デューク』（江國香織）

〔出題：センター本試験〕

解答時間
18分
目標得点
35 / 50点
学習日
／
解答頁
P.87

◆解釈の「幅」

次の工藤直子さんの詩「あいさつ」に出てくる「ぼく」は何の動物だろうか。〈さんぽを　しながら／ぼくは　しっぽに　よびかける／「おおい　げんきかあ」／すると　むこうの　くさむらから／しっぽが　ハキハキ　へんじをする／「げんき　ぴんぴん」／ぼくは　あんしんして／さんぽを　つづける〉近くにあるものに「おおい　げんきかあ」と呼びかけはしない。「ぼく」としっぽとの距離は遠い。「ぼく」は長いしっぽを持つ動物、たとえばヘビやワニだろう。犬や猫ではない。解釈は一つではないけれど、かといってどんな解釈でも許されるわけではない。大切なことは「可能な解釈」と「不可能な解釈（つじつまの合わない解釈）」との線引きだ。（輿水）

第9講　次の文章は江國香織の小説『デューク』の全文である。これを読んで、後の問いに答えよ。

歩きながら、私は涙がとまらなかった。二十一にもなった女が、びょおびょお泣きながら歩いているのだから、他《ほか》の人たちが(ア)いぶかしげに私を見たのも、無理のないことだった。それでも、私は泣きやむことができなかった。

デュークが死んだ。

私のデュークが死んでしまった。

私は悲しみでいっぱいだった。

デュークは、グレーの目をしたクリーム色のムク毛の犬で、プーリー種という牧羊犬だった。わが家にやってきた時には、まだ生まれたばかりの赤んぼうで、廊下を走ると手足がすべってぺたんとひらき、すーっとお腹《なか》ですべってしまった。それがかわいくて、名前を呼んでは何度も廊下を走らせた。(そのかっこうがモップに似ていると言って、みんなで笑った。)たまご料理と、アイスクリームと、梨《なし》が大好物だった。五月生まれのせいか、デュークは初夏がよく似合った。新緑のころに散歩につれていくと、匂《にお》やかな風に、毛をそよがせて目をほそめる。すぐにすねるたちで、すねた横顔はジェームス・ディーン[※1]に似ていた。音楽が好きで、私がピアノをひくと、いつもうずくまって聴いていた。そうして、デュークはとても、キスがうまかった。

※1…アメリカの映画俳優（一九三一〜一九五五）。

死因は老衰で、私がアルバイトから帰ると、まだかすかにあたたかかった。ひざに頭をのせてなでなでているうちに、いつのまにか固くなって、つめたくなってしまった。デュークが死んだ。

次の日も、私はアルバイトに行かなければならなかった。玄関で、みょうに明るい声で〝行ってきます〟を言い、表にでてドアをしめたとたんに涙があふれたのだった。泣けて、泣けて、泣きながら駅まで歩き、泣きながら改札口で定期を見せて、泣きながらホームに立って、泣きながら電車に乗った。電車はいつものとおり混《こ》んでいて、かばんをかかえた女学生や、似たようなコートを着たおつとめ人たちが、ひっきりなしにしゃくりあげている私を遠慮会釈なくじろじろ見つめた。

「どうぞ」

無愛想にぼそっと言って、男の子が席をゆずってくれた。十九歳くらいだろうか、白いポロシャツに紺のセーターを着た、ハンサムな少年だった。

「ありがとう」

(イ)蚊のなくような涙声でようやく一言お礼を言って、私は座席にこしかけた。少年は私の前に立ち、私の泣き顔をじっと見ている。深い目の色だった。私は少年の視線にいすくめられて、なんだか動けないような気がした。そして、いつのまにか泣きやんでいた。

私のおりた駅で少年もおり、私の乗りかえた電車に少年も乗り、終点の渋谷までずっといっしょだった。どうしたの、とも、だいじょうぶ、とも聞かなかったけれど、少年はずっと私のそばにいて、満員電車の雑踏から、さりげなく私をかばってくれていた。少しずつ、私は気持ちがおちついてきた。

「コーヒーごちそうさせて」

電車からおりると、私は少年に言った。

十二月の街は、あわただしく人が往《い》き来《き》し、からっ風がふいていた。クリスマスまでまだ二週間もあるのに、あちこちにツリーや天使がかざられ、ビルには歳末大売り出しのたれまくがかかっていた。喫茶店に入ると、少年はメニューをちらっと見て、

「朝ごはん、まだなんだ。オムレツもたのんでいい」

ときいた。私が、どうぞ、とこたえると、うれしそうににこっと笑った。

公衆電話からアルバイト先に電話をして、(A)風邪をひいたので休ませていただきます、と言ったのを聞いていたとみえて、私がテーブルにもどると、

「じゃあ、きょうは一日ひまなんだ」

少年はぶっきらぼうに言った。

喫茶店をでると、私たちは坂をのぼった。坂の上にいいところがある、と少年が言ったのだ。

「ここ」

(B)彼が指さしたのは、プールだった。

「じょうだんじゃないわ。この寒いのに」

「温水だから平気だよ」

「水着持ってないもの」

「買えばいい」

　自慢ではないけれど、私は泳げない。

「いやよ、プールなんて」

「泳げないの」

　少年がさもおかしそうな目をしたので、私はしゃくになり、だまったまま財布から三百円だして、入場券を買ってしまった。

　十二月の、しかも朝っぱらからプールに入るような(ウ)酔狂は、私たちのほか誰《だれ》もいなかった。おかげで、そのひろびろとしたプールを二人で独占してしまえた。少年はきびきびと準備体操をすませて、しなやかに水にとびこんだ。彼は、魚のようにじょうずに泳いだ。プールの人工的な青も、※2カルキの匂いも、反響する水音も、私にはとてもなつかしかった。プールなど、いったい何年ぶりだろう。ゆっくり水に入ると、からだがゆらゆらして見える。

　とつぜんぐんっと前にひっぱられ、ほとんどころぶようにうつぶせになって、私は前に

※2…「クロルカルキ」の略。水の消毒などに用いる薬剤。

進んでいた。まるで、誰かが私の頭を糸でひっぱってでもいるように、私はどんどん泳いでいた。すっと、糸をひく力が弱まった。あわてて立ちあがって顔をふくと、もうプールのまんなかだった。三メートルほど先に少年が立っていて、私の顔を見てにっこり笑った。私は、泳ぐって、気持ちのいいことだったんだな、と思った。

　少年も私も、ひとことも言わずに泳ぎまわり、少年が、

「あがろうか」

と言った時には、壁の時計はお昼をさしていた。

　プールをでると、私たちはアイスクリームを買って、食べながら歩いた。泳いだあとの疲れもここちよく、アイスクリームのあまさは、舌にうれしかった。このあたりは、少し歩くと閑静《かんせい》な住宅地で、駅のまわりの喧噪《けんそう》がうそのようだった。私の横を歩いている少年は背が高く、端正な顔立ちで、私は思わずドキドキしてしまった。晴れたま昼の、冬の匂いがした。

　地下鉄に乗って、私たちは銀座にでた。今度は私が、〝いいところ〟を教えてあげる番だった。裏通りを十五分も歩くと、小さな美術館がある。めだたないけれどこぢんまりとした、いい美術館だった。私たちはそこで、まず中世イタリアの宗教画を見た。それから、古いインドの細密画※3を見た。一枚一枚、たんねんに見た。

「これ、好きだなぁ」

※3…細かい描写で精密に対象を描いた絵。

少年がそう言ったのは、くすんだ緑色の、象と木ばかりをモチーフにした細密画だった。

「古代インドはいつも初夏だったような気がする」

「ロマンチストなのね」

私が言うと、少年はてれたように笑った。

美術館をでて、私たちは落語を聴きにいった。たまたま演芸場の前を通って、少年が落語を好きだと言ったからなのだが、いざ中に入ると、私はだんだんゆううつになってしまった。

デュークも、落語が好きだったのだ。夜中に目がさめて下におりた時、消したはずのテレビがついていて、デュークがちょこんとすわって落語を見ていた。父も、母も、妹も信じなかったけれど、ほんとうに見ていたのだ。

デュークが死んで、悲しくて、悲しくて、息もできないほどだったのに、知らない男の子とお茶をのんで、プールに行って、散歩をして、美術館をみて、落語を聴いて、私はいったい何をしているのだろう。

だしものは、〝大工しらべ〟だった。少年は時々、おもしろそうにくすくす笑ったけれど、私はけっきょく一度も笑えなかった。それどころか、だんだん心が重くなり、落語が終わって、大通りまで歩いたころには、もうすっかり、悲しみがもどってきていた。

(C)デュークはもういない。

9

デュークがいなくなってしまった。

大通りにはクリスマスソングが流れ、うす青い夕暮れに、ネオンがぽつぽつつきはじめていた。

「今年ももう終わるなぁ」

少年が言った。

「そうね」

「来年はまた新しい年だね」

「そうね」

「今までずっと、僕は楽しかったよ」

「そう。私もよ」

下をむいたまま私が言うと、少年は私のあごをそっともちあげた。

「今までずっと、だよ」

なつかしい、深い目が私を見つめた。そして、少年は私にキスをした。

私があんなにおどろいたのは、彼がキスをしたからではなく、彼のキスがあまりにもデュークのキスに似ていたからだった。ぼうぜんとして声もだせずにいる私に、少年が言った。

「僕もとても、愛していたよ」

淋《さび》しそうに笑った顔が、ジェームス・ディーンによく似ていた。

「(D)それだけ言いにきたんだ。じゃあね。元気で」

そう言うと、青信号の点滅している横断歩道にすばやくとびだし、少年は駆けていってしまった。

私はそこに立ちつくし、いつまでもクリスマスソングを聴いていた。銀座に、ゆっくりと夜がはじまっていた。

問一　傍線部(ア)〜(ウ)の語句の本文中における意味として最も適当なものを、次の各群の①〜⑤のうちから、それぞれ一つずつ選べ。

(ア)　いぶかしげに
① 不審そうに
② 気の毒そうに
③ 迷惑そうに
④ 気味悪そうに
⑤ 珍しそうに

(イ)　蚊のなくような
① 悲しげな
② 一本調子の
③ 耳障りな
④ かすれきった
⑤ 弱々しい

(ウ)　酔狂
① 怠け者
② 物好き
③ あまのじゃく
④ 目立ちたがりや
⑤ お調子者

問二　傍線部(A)「風邪をひいたので休ませていただきます」とあるが、アルバイトを休むに至った「私」の気持ちの変化はどのようなものか。その説明として最も適当なものを、次の①〜⑤のうちから一つ選べ。

① 責任感からアルバイトに行こうとしたが、一人になった途端にどうしてよいのかわからなくなった。しかし、「少年」の親切によって悲しみが薄まり、彼にお礼をすることがアルバイトに行くより大事なことだと思うようになった。

②悲しんでばかりもいられないと思いアルバイトに出かけたが、どうしても悲しみに堪え切れなかった。しかし、「少年」の優しさにふれるうちに、彼をデュークの代わりとして愛することで悲しみから逃れられると思うようになった。

③デュークの死に取り乱してしまい、アルバイトを休む口実も思いつかないほど悲しい感情ばかりが心の中を支配していた。しかし、「少年」のさりげない親切のおかげで余裕を取り戻し、風邪で休むことにしようと思うようになった。

④アルバイトで楽しいことを見つけて気を紛らそうとしたが、涙が止まらず途方に暮れていた。しかし、ハンサムで優しい「少年」の愛情に接して悲しみも癒《い》え、これから始まる新しい恋に期待してみようと思うようになった。

⑤アルバイトに行こうと強がって家を出たが、一人になると悲しみを抑え切れなくなった。しかし、「少年」の思いやりのある態度のおかげで悲しみが幾分か薄まったので、このまま彼と一緒に過ごしたいと思うようになった。

問三 傍線部(B)「彼が指さしたのは、プールだった」とあるが、これに続くプールでの出来事の叙述は、この小説の中でどのような働きをしているか。その説明として最も適当なものを、次の①～⑤のうちから一つ選べ。

①強引な「少年」に反発を感じていた「私」が、「少年」の指導によって泳ぐことを教えられるということで、「少年」が「私」にとって不可欠な存在となることを表している。

②泳ぎの嫌いな「私」が、「少年」に導かれてプールで童心に帰る体験をさせられるということで、「私」が純真さを取り戻すことを暗示している。

③悲しみに沈んでいた「私」が、忘れていた水の感覚の素晴らしさを「少年」に教えられるということで、「私」が

9

悲しみを癒《い》やす方法を手に入れたことを表している。

④ 泳げないはずの「私」が、「少年」の神秘的な力によって泳ぐことの快さを体験させられるということで、「少年」が特別な存在であることを暗示している。

⑤ 元気をなくしていた「私」が、「少年」によって泳ぐことを擬似的に経験させられるということで、「少年」の存在の不確かさを表している。

問四 傍線部Ⓒ「デュークはもういない。デュークがいなくなってしまった」とあるが、この箇所が示している「私」の心理状態はどのようなものか。その説明として最も適当なものを、次の①～⑤のうちから一つ選べ。

① 「少年」と一緒にいながら、自分の中の喪失感をあらためて意識している。

② デュークの死後、何をしても気持ちが晴れないまま、変わらぬ悲しみに浸り続けている。

③ 楽しい思いをすればするほど、悲しみにそぐわない場所にいる自分に対して腹立たしく思っている。

④ 親切な「少年」の気持ちを大事にしようと努力したのに、結局心が通い合わずいらだっている。

⑤ 心の中で無理に叫ぶことで、デュークとの決別を前向きに受け入れようとしている。

問五 傍線部Ⓓ「それだけ言いにきたんだ。じゃあね。元気で」とあるが、この発言から読みとれる「少年」の心情はどのようなものか。その説明として最も適当なものを、次の①～⑤のうちから一つ選べ。

① 「私」を慰め切れなかったことを悔やみながらも、一日つきあってくれたことに感謝する気持ち。

② 最後にまたふさぎこんでしまった「私」に対して、あきらめかけながらなおも励まそうとする優しい気持ち。

③ 「私」とともに過ごした幸福な歳月を懐かしみ、「私」の深い悲しみにこたえようとする惜別の気持ち。

④ 「とっておきの場所」を教え合って心が通じたことを喜び、また「私」に会えるだろうという期待の気持ち。

⑤　一日のデートを通して二人の思い出をたどったことで、「私」への愛着を断ち切ろうとするあきらめの気持ち。

問六　次のａ～ｇのうち、この小説における表現や手法の効果についての説明として、適当なものの組合せはどれか。後の①～⑦のうちから一つ選べ。

ａ　別れの時を夕暮れという境界の時間に設定していることで、少年との一日のデートの終わりと、愛犬との永遠の別れとが幻想的に重ね合わされている。

ｂ　「少年」の行動や面影にデュークの思い出を何度も重ね合わせて、「少年」がデュークの化身であるかのような感覚を読者に与え、不可思議な幻想の世界を見せることで、一日の出来事が「私」の夢であったことを表している。

ｃ　「少年」と行動をともにするうちに、現実にはありそうもない経験を重ねることによって、幻想の中に救いを求めるようになっていく「私」の意識の内側を読者に印象深く示している。

ｄ　「私」の混乱した心情を際立たせるために、同じ言葉を反復使用することは、一見稚拙な表現のようだが読者の心に強く印象付けられるという効果がある。

ｅ　年の瀬のあわただしい時期に愛犬の死を設定することで、ひっそりと死んでいった愛犬に対する「私」の痛切な気持ちが強調され、クリスマス前という時間設定が、新たな恋の始まりを効果的に示唆している。

ｆ　「少年」とのデートの中にデュークの好きだったものを散りばめることで、デュークとの交流を「私」が無意識のうちに再び体験していることを読者に示している。

ｇ　同じ言葉の繰り返しや登場人物の行動の克明な描写は、サスペンス映画のように一つ一つのシーンを読者に印象付けるという効果をもち、物語の展開をスリリングにしている。

9

① a—b—e
② a—c—f
③ a—d—f
④ b—d—e
⑤ b—e—g
⑥ c—d—e
⑦ c—f—g

【解答欄】

問一（各3点）	(ア)
	(イ)
	(ウ)
問二（7点）	
問三（9点）	
問四（7点）	
問五（9点）	
問六（9点）	

第10講

問題
Question

『メリー・ゴー・ラウンド』（三浦哲郎）

〔出題：センター追試験〕

解答時間	目標得点	学習日	解答頁
25分	35/50点	／	P.103

10

◆作者がちりばめた「ヒント」

他人の心は覗《のぞ》くことができない。「いまどんな気持ち？」と聞くことはできても、相手がそれに正直に答えるとも限らない。だから僕たちは、相手の言葉だけでなく、その表情やちょっとした仕草などをヒントに、相手の心情をなんとか汲《く》み取ろうとする。小説を読むときも事情はだいたい同じで、登場人物たちの心情や置かれている状況は、つねに直接的に表現されているとは限らない。だから読者は、そこに書かれている様々な言葉をヒントに、直接的には書かれていないことを汲む努力をしなければならない。少しだけ想像力を働かせて。作者がちりばめた「ヒント」を見落とさないよう、注意深く読んでみよう。（輿水）

第10講

次の文章は三浦哲郎《みうらてつお》の小説『メリー・ゴー・ラウンド』の一節である。ある日チサは父親から、前から欲しいと思っていたビーズのハンドバッグと人形に加えて、白い帽子、白いワンピース、白い靴などを思いがけなく買い与えられ、母親のお墓参りの後で、動物園や遊園地のある矢ノ浦に連れていくと伝えられた。以下は、母親の命日の朝、お寺の場面から始まる文章である。これを読んで、後の問いに答えよ。

　随分念入りなお経で、ゆうべ遅くまで寝つかれなかったチサは、堪《こら》え切れずに大きなあくびを二つした。ゆうべは、どうしたことか胸の太鼓がいつまでも鳴り止《や》まなくて、困った。ようやくそれにも聞き馴《な》れて、うとうとすると、今度は父親が便箋《びんせん》を一枚ずつぱりぱりと剥《は》ぎ取る音で、何度も目を醒《さ》ました。父親は、家のなかをきちんと片付けてチサを寝かせてしまうと、飯台[※1]にどてら[※2]の背中をまるくして手紙を書きはじめ、一体何人に書くつもりなのか、ぱりぱりと便箋を剥ぎ取る音がいつまでも止まなかった。時々、くしゅん、くしゅん、と鼻を鳴らすので、チサは、鼻風邪ではないかしらん、また熱でも出たら明日の矢ノ浦行きはどうなるのだろうと、そんなことを気にしているうちに、いつしか深く眠ったが、今朝になってみると、ありがたいことに、父親は持病で白くむくんでいるだけで鼻はなんともなくなっていた。

　お経が済んで、本堂から墓地へ移るとき、住職が歩きながらチサの頭に手を置いて、「大きくなったね。この二年の間に随分大人になった。」といった。それから、父親に、「近頃《ちかごろ》、腎臓《じんぞう》の方はどうです？」と訊《き》いた。「はあ、それが、相変わらずでして……どうもはかばか

※1…食事をする台。

※2…そでが広く、大きめに仕立てられた、綿の入った防寒用の着物。

しくありません。」と父親は答えた。「腎臓は長くかかりますからねえ。気長に、辛抱強く養生するしかありませんな。」と住職はいったが、母親の死後、父親は碌《ろく》に病院通いも勤めを休むこともできなくなっている。「それにしても、大変ですなあ、ひとりで父親と母親の役をするのは。」と、すこし間を置いてから住職はいって、つづけてなにかいいたげに見えたが、結局なにもいわずに、またチサの頭に手を置いた。父親も、それきり口を噤《つぐ》んでいた。

住職が先に墓を離れてからも、父親は、尻《しり》の先が苔《こけ》に触れそうなほど深くしゃがんで、長いこと拝んだ。チサは、痺《しび》れがきれそうで、途中でいちど立ち上がってから、またしゃがみ直した。父親は、いつものように、なにかぶつぶつと聞き取れない呟《つぶや》きを洩《も》らしながら拝んでいたが、チサは、また父親はおなじ詫《わ》び言を繰り返している、と思いながらその呟きを聞いていた。母親は、ちょうど二年前の雨降りの晩に、働きに出ていた製麺《せいめん》工場からバイクで帰ってくる途中、橋のたもとで大型トラックを避けようとしてハンドルを切り損ね、下の河原へさかさまに落ちて頸《くび》の骨を折って死んだのだが、父親はそれを自分のせいにして、母親を拝みながら時々、「おまえ、勘弁してくれや。俺《おれ》が悪かったよう。」と、はっきり聞き取れる声で詫びるのである。

ところが、けさは、長い呟きのあとで、

「母ちゃんよ、俺、もう、くたびれっちまった。」

独り言のようにそういうと、不意に合掌していた両手を膝《ひざ》の間にだらりと垂れてしまったので、チサはびっくりした。

それは、困る。これから水筒を提げて矢ノ浦まで足を伸ばそうというときに、もうくたびれてしまったのでは困る。

「もういこうよ、父ちゃん、矢ノ浦へ。」

と、チサは父親の肩を揺さぶっていった。

「そうだな。じゃ、いこうか。」

父親は、両手でつるりと顔を撫《な》で下ろすと、くたびれているわりにはさっさと立ち上がった。

汽車で矢ノ浦市に着いたのは、昼すこし前であった。さいわい、いい天気に恵まれて、晩春にしては日ざしが暑いほどだったが、それでもまだ白いものを着るには早すぎて、白ずくめのチサは人目を引いた。駅前の食堂に入ると、サンドイッチを運んできたウェートレスが、(A)「あら綺麗《きれい》。ウェディングドレスみたいね。」といった。チサは上気して、赤い顔になっていた。

まず城跡を見てから、動物園や遊園地のある公園に回り、それから海を見にいくことにして、広場でバスを待っていたとき、チサは、

「父ちゃん、忘れもの。」

といって、そばのポストを指さして見せた。

さっき食堂で、荷物になる水筒や人形を父親のしなびたボストンバッグに預けるとき、その底の方に、ゆうべ書いた手紙らしい真新しい封筒が何通か入っているのが見えたからである。けれども、父親は、

「うん……まだ切手を貼《は》ってないから。」

呟くようにそういったきり、動物園にいる動物の種類を指折り数えはじめた。

その日は、週末でも祭日でもなかったせいか、昼下がりの動物園は閑散としていて、けものの匂《にお》いばかりがきつかった。ようやく新芽を吹き出した木立のなかの遊歩道を歩いていくと、両側に点在している大小の檻《おり》のなかから、足音を聞きつけた鳥やけものたちが(ア)首をもたげて、じっとこちらを見詰めている。チサは、そっとうしろを振り向いて、動物を見にきた自分たちが逆に大勢の動物たちに見詰められているのに気がついたとき、思わず繋《つな》いでいた父親の手を強く握り締めた。

「父ちゃん、こわい。」

「(B)こわくなんかないさ。父ちゃんが一緒だろう?」

父親は、真顔でチサの手を握り返した。

遊園地の方にも、二人のように勤めや保育園を休んで遊びにきているらしい親子連れなど見当たらなくて、停《と》まったままの展望車に鳶《とび》が羽根を休めていた。チケット売場の窓口で、乗物は客が何人集まれば動くのかと尋ねると、一人でもあれば動かしますという返事

であった。

「全部に乗せてやりたいけど、それじゃ動かす方に悪いからな。一つ選んで、そいつに乗るか。どれがいい？」

そう訊かれても、どれもが初めてのチサは目移りがして、一つを選ぶのは難しかったが、結局、賑《にぎ》やかな飾りに釣られてメリー・ゴー・ラウンドを選んだ。

「そうだな。女の子にはあれがいい。あれにたっぷり乗せてやろう。」

父親はそういって、メリー・ゴー・ラウンドのチケットばかり七回分も買った。

サーカスのテントに似た形の屋根の下には、色とりどりの豆ランプが点滅していて、床の円板には光る真鍮《しんちゅう》の棒に背中を縦に貫かれた木馬が全部で十二頭、二列になって輪を描きながら王様の馬車を引いている。軒下の電話ボックスみたいな小屋のなかには緑色の上っ張りを着た初老の女従業員がいて、父親がいきなり七回分のチケットを出すと、あたりを見回して怪訝《けげん》そうな顔をした。

「……七人さん？」

「いや、私ら二人だけ。」と父親がいった。「最初の一回は私も乗るけど、あとの分はこの子を乗せてやってください。」

チサは、十二頭のうちから、着ているものに合わせて白馬を選ぶと、父親に抱き上げて貰《もら》って跨《また》がった。やがて、頭の上でかすれたオルゴールの音楽が鳴りはじめ、ごとりと円板が動き出した。馬は、真鍮の棒ごと、ゆっくり上がったり下がったりする。父親はそばに立って軀《からだ》を支えていてくれたが、二周もすると簡単に馴れて、父親の手を借りることもなくなった。一回分が(イ)呆気《あっけ》なく済んだ。

「よし、今度は父ちゃんも乗ろうかな。」

二回目は、父親も隣の縞馬《しまうま》に跨がった。チサの白馬が飛び上がれば、父親の縞馬は沈む。縞馬が飛び上がれば、白馬は沈む。父親は飛び上がるたびに、風を切る音のつもりなのか口を章魚《たこ》のように尖《とが》らせて、「ひょーっ。」というので、チサは笑わずにはいられなかった。チサの笑い声が、人気《ひとけ》のないメリー・ゴー・ラウンドのまわりに響いた。

海へいくには、いったん街まで戻らなければならなかった。街でバスを降りると、近くのレストランへ入って二階に上がった。そのレストランは、驚いたことに壁が鏡になっていて、チサは初めて自分の目で盛装した自分の姿を見ることができた。帽子を脱ぐと、前髪が汗で額に貼りついていた。随分歩いたので、すっかり腹が空いていた。

なんでも好きなものをと父親にいわれて、チサは、オムライスと、フルーツサラダと、チョコレートパフェをとって、別に父親と二人でピッザというのを一《ひ》と皿とった。父親の方は、食欲がなくて、ピッザを肴《さかな》に珍しくビールを、見る見る目のまわりを赤くしながら一本だけ飲んだ。

「ほかになにか食べたいものはないか？　海の空気はおなかが空《す》くよ。」

父親はしきりにそういったが、そんなに食べられるものではない。チサは腹がくちくなって、タクシーのなかでうとうとしたが、浜でひんやりとした潮風に当たると、忽《たちま》ち眠気が醒めてしまった。浜といっても、矢ノ浦の海岸はほとんどごつごつとした岩浜ばかりで、ところどころに断崖《だんがい》が高く切り立っている。チサは、そこでも父親に手を引かれて、随分歩いた。父親は、めっきり口数がなくなって、どこへいくでもなく、なにを見るでもなく、探しものでもしているように時々立ち止まってはあたりを見回しながら、ただ黙々と歩いていた。

陽《ひ》が裏山に隠れてしまうと、浜は急に薄暗くなって、風が冷たさを増した。チサは淋《さび》しくなって父親に話しかけたが、父親は(ウ)生返事しかしてくれない。それでも、不意に波しぶきを浴びたりして、「父ちゃん、こわい。」というと、昼に動物園でそうしたように手を強く握り返して、「こわくない。父ちゃんと一緒なら、どんなところへいったってこわくない。」と、叱《しか》るように父親はいった。

それにしても、父親にしっかりと抱かれたまま細い坂道を登り詰めて、茨《いばら》のなかを漕《こ》ぐようにして崖縁《がけぶち》の方へ近寄ったときは、チサはやっぱりこわくて踠《もが》き出しそうになった。

「父ちゃん、こわい。」

「(C)こわくない。父ちゃんも一緒だ。」

「……こわい。」

「こわくない。」

それでもこわくて、のけぞると、暮れ方の空に白く光っている一番星が目に入って、

「あ、母ちゃん」チサは思わずそういった。「母ちゃんが、あそこで見てる。」

父親は、急に立ち止まった。チサは黙って一番星を指さして見せた。父親は肩で大きな吐息をした。それから、チサは、急に弛《ゆる》んだ父親の腕の輪から抜け落ちて、茨のなかに尻《しり》餅《もち》をついた。

その晩、もう帰りの汽車には間に合わなくて、仕方なく泊まることになった浜の旅館で、チサは、おかしな夢を見た。仄暗《ほのぐら》い野原のようなところをひとりで歩いていると、昼に遊んだメリー・ゴー・ラウンドの木馬たちが、蹄《ひづめ》の音も軽やかにあとを追いかけてくる夢である。

「あら、どうしたの？」

と立ち止まると、十二頭の木馬たちはチサを取り囲むようにぐるりと鼻面を並べて、ゆっくりゆっくり近づいてくる。

「そうか、逃げてきたのね、あんたたち。」

そういっても、木馬たちは黙っている。

「どうして逃げてきたの？　時々こうして遊びに出るの？　でも、どうやってあの真鍮

の棒から外れてきたの？」

つづけざまにそう訊いても、黙っている。黙ったまま、木馬たちはだんだん鼻面の輪を縮めてきて、最初の鼻息が頰《ほお》に触れたところで、チサは目醒めた。すると、思いがけなく、父親の顔がすぐ目の前に見えた。あ、父ちゃん、というと、その顔が忽ち遠退《とおの》いた。起き上がってみると、父親は、浴衣の前をはだけて枕許《まくらもと》にあぐらをかいていた。

「……馬は？」

と、チサはあたりを見回していった。

「馬？」

「ほら、遊園地の。」

「……ああ、メリー・ゴー・ラウンドの木馬か。」

「いまここにいたんだけど。」

「そんなものはいやしないよ。夢を見たんだろう。」

けれども、そういう父親のすっかり血の気の失せた顔も、チサには夢に出てきた木馬たちとおなじくらい不思議に思えて、

「父ちゃんは？　なにしてたの？」

「俺か。俺は、いま、寝るところだ。」

父親は、そそくさと浴衣の前を掻《か》き合わせながら、ぎごちなくそういうと、手に持って

いた細い帯を急いで腰に巻きつけて、

「消すよ。」

スタンドのスイッチを切ってから隣の寝床へ這《は》うようにしてもぐり込んだ。それきり、いつまでも寝息がきこえない。遠くで雷が鳴っている、と思ったのは、岩浜に砕ける波の音であった。チサは、すっかり目が冴《さ》えてしまった。

「父ちゃん、そっちへいっていい？」

返事がないのは、好きにしろという合図だとチサは思い、這い出していって、父親の背中の蔭《かげ》に滑り込んだ。すると、父親の顫《ふる》えがすぐに伝わってきた。父親の、肩と背中がひどく顫えていた。

「父ちゃん、寒いの？」

今度も返事はなかったが、こんな真夜中に、浴衣の前をはだけて畳の上にあぐらをかいていたりするからだと、チサは思った。(D)それから、死んだ母親が冬の寒い晩などによくそうしてくれたように、父親の顫える背中に自分の軀の前をぴったりと貼りつけるようにして、チサは目をつむった。

問一　傍線部(ア)～(ウ)の本文中における意味として最も適当なものを、次の各群の①～⑤のうちから、それぞれ一つずつ選べ。

(ア)首をもたげて
① 今まで傾けていた首を横にひねって
② 今まで脇を向いていた頭を元に戻して
③ 今まで下げていた頭を起こして
④ 今まで正面を向いていた顔を上に向けて
⑤ 今まで上に伸ばしていた首をすくめて

(イ)呆気なく済んだ
① 思いがけず急停止した
② はかない夢のまま止まった
③ 意外に早く終わった
④ うっとりしているうちに終了した
⑤ 驚いている間に停止した

(ウ)生返事
① 本当の気持ちを包み隠して、相手を惑わそうとする返事
② 相手に本気では対応していない、いい加減な返事
③ 中途半端な態度で、相手の気持ちに迎合した返事
④ 相手の態度に機嫌を損ねて発した、ぶっきらぼうな返事
⑤ 相手の言うことを何も聞いていない、突き放した返事

問二　傍線部(A)「あら綺麗。ウェディングドレスみたいね。」というウェートレスの言葉には、本文全体をふまえると、チサをどのように印象づける効果が生じているか。その説明として最も適当なものを、次の①～⑤のうち一つ選べ。

①偶然出会ったに過ぎない他者から、今後を見越したかのような嫌みがチサに投げつけられることで、チサの将来を陰惨に印象づける効果。

②子供と異なる価値観を持つ大人という他者から、冷やかしめいた言葉がチサに浴びせられることで、大人の世界から孤絶したチサの淋しい姿を悲劇的に印象づける効果。

③年上の女性という立場の他者から、嬉《うれ》しくなるような言葉がチサにかけられることで、自意識が刺激されたチサの大人びた部分を美しく印象づける効果。

④さばけた態度で対応する他者から、あからさまな世辞がチサに向けられることで、チサが素直に照れる姿をいじらしく印象づける効果。

⑤事情を知らない他者から、晴れがましいほめ言葉がチサに対して発せられることで、チサの哀れな境遇を痛切に印象づける効果。

問三　傍線部(B)「こわくなんかないさ。父ちゃんが一緒だろう?」、及び、(C)「こわくない。父ちゃんも一緒だ。」について、父親のチサに対するそれぞれの言葉の説明として最も適当なものを、次の①～⑤のうちから一つ選べ。

①(B)にはおびえているチサに対して努めて優しく諭すような気持ちがあふれているが、(C)には父親である自分が一緒にいるにもかかわらず、なぜチサはこわがっているのだろうかという打ち消しがたい疑念が込められている。

②(B)は父親である自らの存在を意識させることでおびえるチサを安心させようとしているが、(C)はチサにだけ

でなく、自分の内にこみ上げる恐怖と戦おうとするかのようにあえて決然とした態度で発せられている。

③ (B)にはチサをやんわりと諭す口調にまだ父親としての威厳が認められるが、(C)には父親であり続けることへの自信の揺らぎが口調に表れており、チサへのぶっきらぼうな言い方の中に気弱さが見え隠れしている。

④ (B)は父親として動物への恐れをチサと共有することで逆説的にチサの恐れを取り除こうとしているが、(C)は何事にも恐れを感じない父親としての強い意志を、チサに対して直接的に表明している。

⑤ (B)には動物への恐れを和らげるべくチサに配慮しながら接する父親の優しさがにじみ出ているが、(C)には腕の中で暴れているチサに対し、物事に動じてはいけないと諭す父親の厳しさが表れている。

問四 傍線部(D)「それから、死んだ母親が冬の寒い晩などによくそうしてくれたように、父親の顫える背中に自分の軀の前をぴったりと貼りつけるようにして、チサは目をつむった。」とあるが、この時のチサについての説明として最も適当なものを、次の①～⑤のうちから一つ選べ。

① 動物園の場面では、チサは多くの動物に見詰められていることに恐怖を覚え思わず父親の庇護《ひご》を求めていたが、この場面では顫える父親を哀れんで守ろうとしており、チサに家族の一員としての自覚が芽生えている。

② 住職が読経をする場面では、チサは長いお経に退屈してあくびをすることで堪え性の無さを露呈していたが、この場面では寒がる父親に軀を密着させて暖め続けており、チサの心に忍耐力が備わり始めている。

③ 墓参の場面では、チサは矢ノ浦に連れていってもらおうと父親にせがみ依存心を露わにしていたが、この場面では父親の背に貼りついていても心の中では母親を愛慕しており、チサの意識から父親の存在が薄れつつある。

④ 矢ノ浦にいく日の朝の場面では、チサはなかなかいこうとしない父親に不満を感じ約束を守ってもらおうとせかしていたが、この場面では顫える父親をいたわっており、チサの心に思いやりの気持ちが生じている。

⑤ メリー・ゴー・ラウンドに乗る遊園地の場面では、チサは父親のこっけいな様子に子供らしく笑うだけであっ

たが、この場面ではうちしおれている父親を介抱しており、チサの意識の中に母親のような感情が強まりつつある。

問五　この文章における「メリー・ゴー・ラウンド」に関する説明として最も適当なものを、次の①～⑤のうちから一つ選べ。

① チサが乗っているメリー・ゴー・ラウンドの白馬は、白い洋服に身を包んだチサの外見だけでなく、人を疑うことのないチサの内面の純真さを強調している。また、夢の中でチサを取り囲むようにゆっくりと迫ってくる木馬は、昼間は遊園地で、深夜には旅館の一室でこわい思いをさせる父親の行動を示唆している。

② 父親が跨がるメリー・ゴー・ラウンドの縞馬の白と黒という二つの色は、生き延びたいという気持ちと死にたいという気持ちの相反する二つの感情が共存する父の矛盾した内面を象徴している。また、装飾がほどこされて子供たちに夢を与えるはずのメリー・ゴー・ラウンドは、幼いチサにとっては不吉な運命の象徴ともなっている。

③ 同じところでまわり続けるメリー・ゴー・ラウンドでチサ親子が乗る木馬は、浮き沈みを繰り返しながら生と死、幸福と不幸のあいだで揺れ動くチサ親子の運命に通じている。また、チサの夢の中に現れる、メリー・ゴー・ラウンドから逃れて来た木馬には、思うようにいかない日々の暮らしからの解放や逸脱を望む気持ちが暗示されている。

④ メリー・ゴー・ラウンドのチケット七回分を父親が購入したのは、最初は投げやりで漠然とした気持ちからだったが、チサのそばで軀を支えているうちにこれが最後の機会だからできるだけ楽しんで欲しいという親心が生じている。また、二回目からは自分が乗ることによって娘と楽しんでいくようになる父親自身の心情変化が描かれている。

⑤メリー・ゴー・ラウンドというタイトルには、現実と夢の世界の間を往還しつつ、どこにもいき着くことができずさまよい続ける親子のあり方が象徴されている。また、メリー・ゴー・ラウンドのまわりの人気のない雰囲気はチサの屈託のない笑い声にかき消され、遊びに興ずる姿には親子のつかみ取りたい明るい未来が投影されている。

問六
この文章中の叙述に関する説明として適当なものを、次の①〜⑥のうちから二つ選べ。ただし、解答の順序は問わない。

①「ゆうべは、どうしたことか胸の太鼓がいつまでも鳴り止まなくて、困った」は、心臓の鼓動を保育園児であるチサの実感として表しており、矢ノ浦行きに思いをはせるチサの気持ちを描き出している。

②「母親の死後、父親は碌《ろく》に病院通いも勤めを休むこともできなくなっている」では、幼いチサの目を通して体力的にも経済的にも苦しい立場に追い込まれた父親の現状が切実に語られている。

③「それは、困る」「もうくたびれてしまったのでは困る」のように、チサについてはその内面を直接示す表現が用いられているが、父親については基本的にその言動を描くことにより内面を浮かびあがらせている。

④「父親は飛び上がるたびに……口を章魚のように尖らせて、『ひょーっ。』というので」における父親の描写は、少年に戻ったかのような父親の心情とともに、不幸な境遇をはねのけようとする意志をも表している。

⑤「笑わずにはいられなかった」というチサの視点から、「チサの笑い声が……まわりに響いた」という語り手の視点に移動することによって、チサの内面を鮮明に印象づける効果が生まれている。

⑥「父親は肩で大きな吐息をした」「急に弛んだ父親の腕の輪から抜け落ちて」では、父親の心情を暗示する描写がなされていて、これにより父親とチサの間にある信頼関係が薄れつつあることが強調されている。

【解答欄】

問一（各3点）
(ア)
(イ)
(ウ)

問二（7点）

問三（8点）

問四（8点）

問五（8点）

問六（各5点）
・

現代文の読解力を伸ばすための おすゝめ本一覧

【評論・その他】

①『中学生のためのテストの段取り講座』坂口恭平
★タイトルからは想像もつかないヤバイ本。大学受験にも人生にも役立つ。

②『いじめのある世界に生きる君たちへ』中井久夫
★日本を代表する精神科医が淡々と暴く「いじめ」の恐るべきメカニズム。

③『茶色の朝』物語・フランク パヴロフ　絵・ヴィンセント ギャロ
★歴史を変えた短い寓話。気付いた時にはもう手遅れとならないように。

④『史上最強の哲学入門』飲茶《ヤムチャ》
★日本で一番面白くて読みやすい哲学入門。「史上最強」は嘘じゃない。

⑤『正義の教室』飲茶
★炎に包まれた保育園。助けるべきは自分の子か、三十人の他人の子か。

⑥『はじめて考えるときのように』文・野矢茂樹　絵・植田真
★哲学者の楽しいお喋りを聴きながら「考える」ことを考える哲学絵本。

⑦『ぼくらの時代の罪と罰　きみが選んだ死刑のスイッチ』森達也
★たとえどんな状況であっても人は抵抗できない人を殺すべきではない。

⑧『「社会を変える」を仕事にする』駒崎弘樹
★稼ぐことだけが仕事ではない。泣けて笑えて熱くなるNPO旗揚げ記。

⑨『短歌は最強アイテム　高校生活の悩みに効きます』千葉聡
★高校国語教師「ちばさと」の日常。ちりばめられる短歌が素晴らしい。

⑩『小説は君のためにある　よくわかる文学案内』藤谷治
★小説を読むと人間が大きくなります。ついでに現代文も得意になります。

【小説】

①『ボッコちゃん』星新一
★ショートショートの草分けによる自選傑作集。読書嫌いにもおすすめ。

②『兎の眼』灰谷健次郎
★小学一年生を受け持つことになった新人先生と児童たちの成長記。涙。

③『ミラクル』辻仁成
★愛妻を失った父親と、母との再会を信じる息子。奇跡は雪の降る夜に。

④『青い鳥』重松清
★たとえ滑舌が悪くても、心から出たことばは、届くべき人の心に響く。

⑤『空中ブランコ』奥田英朗
★変態精神科医、伊良部一郎シリーズの第二作。抱腹絶倒の連作短編集。

⑥『告白』湊かなえ
★張り巡らされた伏線と予想を裏切る驚きの展開。気を緩める暇がない。

⑦『戦争童話集』野坂昭如
★昭和二十年、八月十五日。悲劇を見つめる優しい眼差し。戦争鎮魂歌。

⑧『シャーロック・ホームズの冒険』コナン・ドイル
★世界で一番有名な名探偵の鋭い観察眼と天才的な推理に酔いしれよう。

⑨『二年間の休暇』(『十五少年漂流記』)ジュール・ヴェルヌ
★無人島に漂着した十五人の少年達のサバイバル。冒険小説の最高傑作。

【漫画】

①『まんがで読破　資本論』マルクス
★資本主義が貧富の格差を生むメカニズムを漫画で理解するという裏技。

②『花もて語れ』(全13巻) 片山ユキヲ
★朗読を学ぶ主人公ハナ。彼女の読みの豊かさに君はきっと圧倒される。

❶目次

◆基本の読解方略（1～5）

その他の読解方略は橙色で示しています。

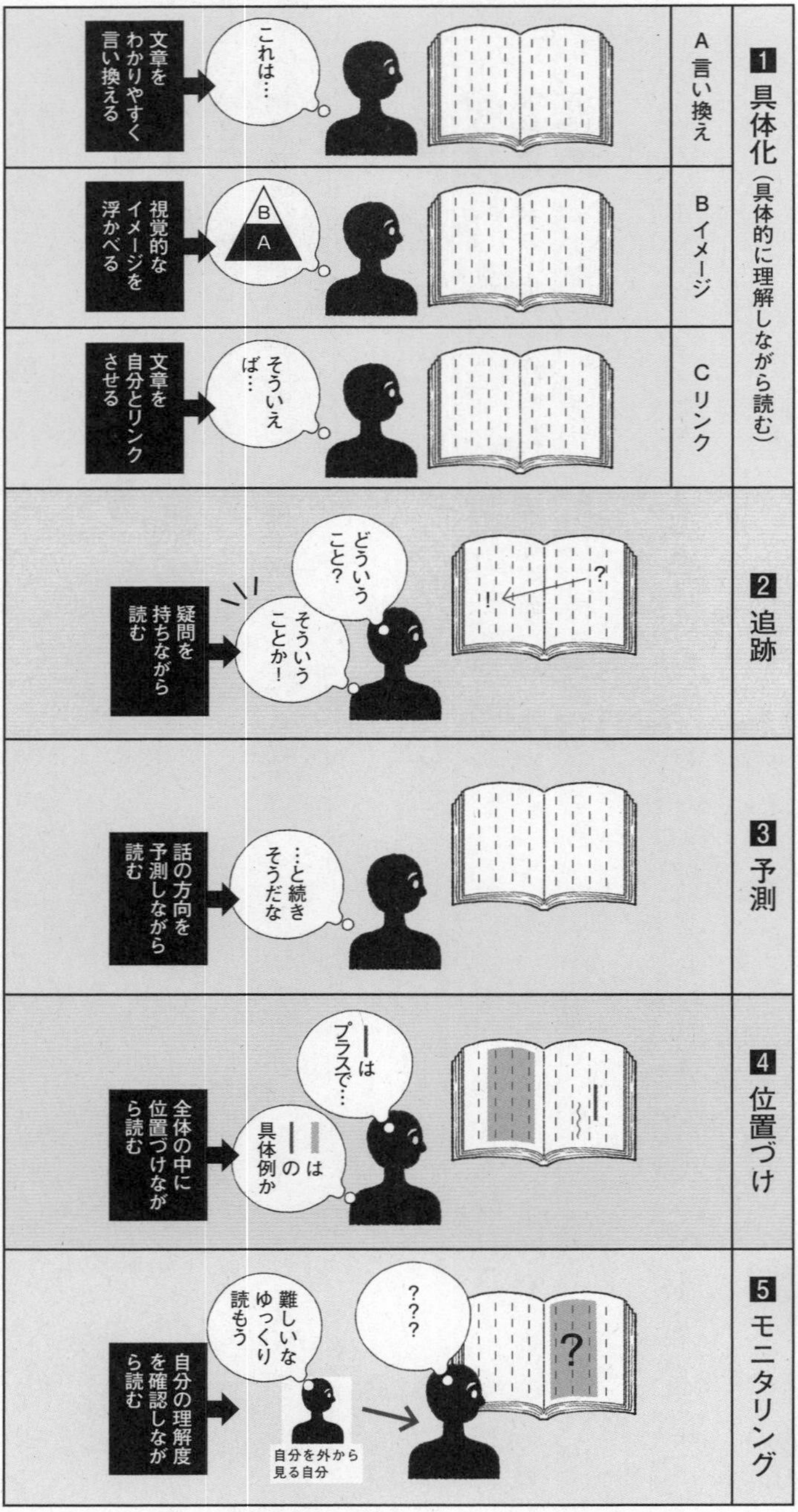

動画視聴はここから！

解説動画

第1講

解説
Answer

『役に立たない読書』（林望）

〔解説：西原剛〕

ジャンル	字数	問題頁
評論	1879字	P.23

◆ホントに嫌い？

「スポーツは嫌いだ」という人は、この世に存在するすべてのスポーツをやったことがあるのだろうか。「テレビはつまらない」という人は、たまたまこれまで面白い番組に出会っていないだけなのではないだろうか。一口に「スポーツ」や「テレビ」といっても、その中身は多種多様。「大雑把な言葉」はときに自分をだましてしまう。「勉強」にも色々あるし、「本」にも色々ある。そのことを忘れて「勉強は嫌い」とか「本はつまらない」と決めつけてしまうのはもったいない。インテリジェンスへの道は遠いけど、千里の道も一歩から。まずは優しく語りかけてくるような西原先生の解説に耳を傾けてみよう。（輿水）

❶ 全文解釈

[1] 教養とはなんだろうか、インテリジェンス＊1とはなんだろうか、（なんだろう?）まずはそこのところから考え始めることにしましょう。（なんだろう?）❶

[2] そもそも、「もの知り」であることは、インテリジェンスの［あ］ではありますが、［い］ではない、ここを押さえておかないといけません。何も知らないで物事を考えることはできませんから、たとえば歴史や言語、また、日本人としての最低限の常識などはもっていて然《しか》るべきでしょう。❷そうした知識を❸、本を読むことで得られるのは事実です。したがって、多くの本を読んでいる人は、もの知りであるとは言える。しかし、ただ知っているだけ、つまり知識がただその人の脳細胞に記憶されているだけで、その精神になんの影響も与えていなければ、それは生きた知識ではありません。❹言い換えれば〔　A　〕になっていないのです。❺

[3] あれも読んだ、これも読んだと多くの本を読んだことを喧伝《けんでん》＊2する人がいますね。「月に五〇冊は読みます」とか自慢する人、「一日に二冊ずつ読んでいる」などと豪語する人、もしかするとあなたの周囲にもいるかもしれません。❻

[4] でも正直に言うと、そういう人に限って、あまり深みのない人物であったりします。（手厳しい!）むやみに読んだ本の量を自慢する、そういう読書は、インテリジェンスを涵養《かんよう》＊3するのではなく、ペダントリー（pedantry：学問や知識をひけらかすこと）への道を突っ走っているように思います。「オレはもの知りだろう」と片々《へんぺん》たる知識をひけらかすオジサンなどは、傍《はた》から見たらあられもなく＊4感じられ、敬遠※1したくなりますね。（なります!）

✔ 脳内活動・重要語彙

＊1 **インテリジェンス**…知性。知識人のことを「インテリ」と呼ぶことがある。

❶ 答えを探しながら、読んでいこう。

❷ つまり、考えるときに「もの知り」であることは「必要」。

❸ 歴史や言語、日本人としての常識。

❹ 知識がその人の考え方に深く影響を与えていたり、人格形成につながっていたりしなければ意味がない。つまり、「もの知り」になるだけでは「十分」ではない、ということだな。

❺ 「言い換えれば」だから、〔　A　〕は、その前文が解答根拠になるな。

＊2 **喧伝**…盛んに言いふらすこと。

❻ あー、いるいる。自分にもそういうところがなくはないし……。

＊3 **涵養**…徐々に養い育てること。

＊4 **あられもない**…ふさわしくない。

※1…飲み会などで、オジサンが若手に延々と話をしてい

1

5 そうならないために、同じ読むなら、それがペダントリーではなくインテリジェンスへの道を行くようにしたいと、私は思うのです。

僕もそう思います!

6 では、そうするにはどうしたらよいのか。

教えてほしい

7 まず大切なのは、「読んだ本の内容について考える」ことです。読書がその人の叡智《えいち》＊5の形成に作用を及ぼすとしたら、それはたくさん読んだからではなく、本にまつわる「考える営為＊6」のゆえである。だから大切なのは、考え考え読んでいくことなのです。❼

8 この考える営為は、読んでいる最中のみならず、読む前にも必要です。自分はいま何が読みたいのか、自分にとっていま何が必要なのか、ということをよくよく考えてから読み始めることが大切なのです。外的な契機＊7のない読書に意味はないと私は考えています。❽

9 量を誇る「読書家」のなかには「キミは、こんな本も読んでいないのかね」などと、相手を威嚇《いかく》する人がいます。

マウントをとる人

10 江戸時代中期の儒者三浦梅園《ばいえん》は「学文《がくもん》は置き所によりて善悪わかる。臍《へそ》の下よし、鼻の先悪し」と、なかなか洒落《しゃれ》た教訓を残しています。同じ学ぶなら、その学んだ事を、ぐっと臍の下に置いておきたいものです。❾　しかし、鼻の先に「〔　B　〕」をぶら下げた人物から、そんなふうに言われたほうはコンプレックス＊8を感じ、読まねばならぬような強迫観念に襲われることがあるかもしれません。けれど、興味のない本を読んだところで、まあ、なにもなりません。その読書に費やした努力と時間は、結局無駄になりません。❿

講師室で見たことのある風景……

11 興味を持って読み始めた本でも、実際にはあまり意味がなかった、そういう無駄読みということも少なくありません。〔ア〕、人生の時間は有限ですから、できるだけ無駄は

る光景がありますが、心理学者河合隼雄によると、あれは「オジサンがカウンセリングを受けている時間」なのだそうです。自分語りを聞いてもらってすっきりするという、一種の「セラピー」なんですね。

＊5 **叡智**…深い知恵。高い知性。

＊6 **営為**…いとなみ。

❼ 本の内容について、具体化したり、広げたりして、考えを深めていくということかな。

＊7 **契機**…きっかけ。動機。

❽ 「外的な契機のない読書」？　なにか変だな……。**問一**

❾ 知識が自分の身体の一部になっていくようなイメージかな。自分の行動や考え方に影響を与え続ける「生きた知識」が大切なのであって、ひけらかすだけの知識に意味はない、ということ。

＊8 **コンプレックス**…劣等感。

❿ !?　あれ、つながり方おかしいな。

減らしたいものです。

12 そうすると、いま読むべき本はなんなのか、いま自分にとって必要な知識はなんだろうか、ということを日頃から思いめぐらしていて、それにしたがって読む本を選ぶというプロセスが、読書の前提条件として大切です。それなくして、ただ学校の課題図書だからとか、物知りオジサンから「読んでいて当然だ」と言われたとか、そういう外から与えられた情報のみで本を選ぶと、結局は自分の血肉にはならず、［イ］ペダントリーへの道を行くことになりがちです。

13 同じ時間を費やし、同じ努力をするなら、他人はどうあれ、自分にとって「心の栄養」となるような本を読んで、豊かなインテリジェンスへの道を行きたいものです。⓫

(a) あるいは、一つの事象について、ちょっと別の側面から眺めてみたいという思いが、新しい分野の読書へと導いてくれるかもしれない。

(b) 歴史の本であれ昆虫の研究書であれ、自分の興味のある分野の本をまず一冊手に取ってみる。

(c) そこでまずは、自分が何に対してもっとも興味を感じるか、と考えるところから始めましょう。

(d) 良い読書とはこのように、内的な契機から発展して、生きた知識が上積みされて好循環をなしていくものなのです。

(e) その本から一つでも新しいことを知ったり、面白いなあと感動したら、その本のなかで紹介されていたり引用されていたりする別の本を読みたいという欲求が出てくる

⓫ つまり、自分の行動や考え方に影響を与えるような「生きた知識」を持っている人が、「教養ある人」「インテリジェンスが感じられる人」なんだな。これが冒頭の「教養とはなんだろうか」「インテリジェンスとはなんだろうか」という問いかけに対する答えだな。

でしょう。

❷ 解答・解説

第1講～第5講は西原、第6講～第10講は輿水先生が解説します。二人の解説は、基本的な方針は一致していますが、解説の切り口や、具体例の中身など、異なる部分もあると思います。この問題集では、そうした「違い」もあえて残しました。二人の「脳内活動」を参考にしつつ、自分の「読み」をより深いものにしていきましょう。

問一　二か所の誤記を探す問題です。まず一か所目ですが、8に次のような記述があります。

> 自分はいま何が読みたいのか、自分にとっていま何が必要なのか、ということをよくよく考えてから読み始めることが大切なのです。外的な契機のない読書に意味はない……。

読みたい本、読むべき本を「(自分で) よくよく考えて」から読むのが大切という話ですから、「外的な契機」(＝自分の外側から与えられるきっかけ) はおかしいですね。ここは「**外的**」ではなく「**内的**」に改めるべきです。

次に二か所目。10の終わりに次のような記述があります。

> 興味のない本を読んだところで、まあ、**なにもなりません**。その読書に費やした努力と時間は、結局**無駄になりません**。

「なにもなりません」ですから、〝無駄になる〟ということですね。ここは「(無駄に) なりません」を「(無駄に) なります」と改めてください。

問二　まずは、選択肢の「必要条件」「十分条件」という語の意味を確認しておきましょう。数学の授業で出てきたと思います。

【定義】　p→qという命題が真であるとき、qはpの必要条件、pはqの十分条件という。

……わかりづらいですね。この本は「新・現代文レベル別問題集」ですから、数学的な定義は一度忘れて、現代文で登場するときの意味を考えましょう。現代文では多くの

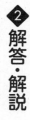

場合「○○は、△△の必要条件であって、十分条件ではない」という形で出てきます。「**○○は(最低限)必要だけれど、それだけでは十分ではないよ**」という意味です。例を示します。

【例1】努力は成功の必要条件であって、十分条件ではない。↓成功するために努力は必要だけれど、それだけでは十分ではないよ(環境や運も大事!)。

【例2】優しさは、結婚相手の必要条件ではあるが、十分条件ではない。↓結婚相手の条件として、優しさは必要だけれど、それだけでは十分ではないよ(経済力も大事!)。

本文に戻ります。空欄の前後を抜き出すと『もの知り』であることは、インテリジェンスの[あ]ではありますが、[い]ではない」とあります。《全文解釈》で示したように、なにも知らずに物事を考えることはできないので、「もの知り」であることは「必要」です。でも、「もの知り」なだけで、知識が精神になんの影響も与えていなければ意味がありません(すなわち、知識だけでは「十分」ではありません)。「もの知り」は、インテリジェンスの「必要条件」ではあるが、「十分条件」ではないといえます。正解は③です。

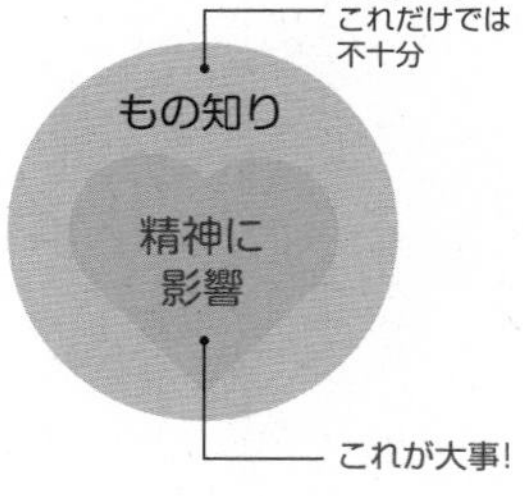

問三　〔　A　〕から考えます。直前に「言い換えれば」があるので、その前文が解答根拠になります。

2 ……多くの本を読んでいる人は、もの知りであるとは言える。しかし、……その精神になんの影響も与えていなければ、それは生きた知識ではありません。
言い換えれば〔　A　〕になっていないのです。
類似表現

「いないのです」と「ありません」が類似表現なので、〔　A　〕にも「生きた知識」と似た意味の語句が入ると考えられます。選択肢を見てみましょう。

選択肢には「知識」「知恵」「体験」という語句があります

ね。「知識」と「知恵」は、同じ「知」の漢字が入っていますが、意味はやや異なります。たとえば、「山田君には知識がある」というと、「山田君は色々知っている」という意味ですが、「佐藤君には知恵がある」というと、「佐藤君には知識や経験を適切に活用しながら物事を解決していく力がある」といった意味になります。本文でいう「生きた知識」とは、「知恵」のことだと考えて良いでしょう。前述のように、〔 A 〕に入るのは「生きた知識」と似た意味の語句なので、「知恵」が入ります（正解は①か②に絞れます）。

したがって、〔 B 〕には、選択肢①「知識」か、選択肢②「体験」が入ることになりますね。空欄の前後を抜き出しましょう。

9 量を誇る「読書家」のなかには「キミは、こんな本も読んでいないのかね」などと、相手を威嚇《いかく》する人がいます。
10 ……鼻の先に「〔 B 〕」をぶら下げた人物から、そんなふうに言われたほうはコンプレックスを感じ、読まねばならぬような強迫観念に襲われることがあるかもしれません。

「そんなふうに」が指しているのは、9「キミは、こんな本も読んでいないのかね」という発言です（優越感に浸りきった自慢気な表情が思い浮かびますね）。「量を誇る『読書家』」とは、「オレ、月に五〇冊も読んだぜ！」と自慢するような人物、すなわち、「知識」をひけらかしているだけの人物ですから、〔 B 〕には「体験」ではなく、「知識」が入ります。正解は①です。

補足ですが、〔 B 〕の前後には「 」が付いていますね。「 」は、**筆者が独自の意味を込めるため**に使用することがあります（たとえば、口先では美辞麗句を並べながら、実際にはずる賢く立ち回っている人に対して、皮肉を込めて〈本当にあいつは「立派な人間」だな〉と表現したりします）。本文の筆者は、本人の血肉になっていない知識、生きた知識となっていない知識のことを、〈それは本当の知識ではないよ〉という気持ちを込めて「知識」と表記しているのでしょう。

1

問四 [ア] から考えましょう。空欄前後を抜き出します。

> 11 興味を持って読み始めた本でも、実際にはあまり意味がなかった、そういう無駄読みということも少なくありません。
> [ア]、人生の時間は有限ですから、できるだけ無駄は減らしたいものです。

「無駄読みということも少なくない」けれども「できるだけ無駄は減らしたい」ということですから、[ア]には「逆接」が入ります。①「しかし」が正解です。

次に[イ]です。こちらも空欄前後を抜き出します。

> 12 ……外から与えられた情報のみで本を選ぶと、結局は自分の血肉にはならず、[イ]ペダントリーへの道を行くことになりがちです。

選択肢②「むしろ」は、「二つを比べて、あれよりもこれだ」という気持ちを表す副詞です。

【例】あの二人の関係は、愛というよりむしろ依存だ。

筆者は、〈外から与えられた情報で本を選ぶと、「自分の血肉になる」というより「ペダントリーになる」〉と言っているわけですから、[イ]には②「むしろ」がぴったりですね。

問五 並び替え問題です。文のつながりがわかりやすいところから考えていきましょう。

(c)「自分が何に対してもっとも興味を感じるか、と考え」た上で、(b)「自分の興味のある分野の本をまず一冊手に取ってみる」わけですから、【(c)→(b)】とつなげそうです。次に、(e)「その本」は、(b)「自分の興味のある分野の本」を指していると考えられますので、【(b)→(e)】とつなげそうです。

(e)では「その本から一つでも新しいことを知ったり、面白いなあと感動したら、その本のなかで紹介されていたり引用されていたりする別の本を読みたいという欲求が出てくるでしょう」と、新しい読書へと向かう過程が示されています。同様にⓐでも「あるいは、一つの事象について、ちょっと別の側面から眺めてみたいという思いが、新しい分野の読書へと導いてくれるかもしれない」と、新しい読書へ向かう過程が示されています。したがって、「ⓔあるいはⓐ」という並列の形でつなぐのが良いでしょう（つまり【ⓔ→ⓐ】になります）。

最後に、ⓓは「このように」で、前の内容をまとめている一文ですので、最後に置くべきです。以上より、順序は【ⓒ→ⓑ→ⓔ→ⓐ→ⓓ】となります。三番目にくるのは⑤「ⓔ」です。

〈＊〉ⓓの「良い読書とはこのように、内的な契機から発展して、生きた知識が上積みされて好循環をなしていくものなのです」という言葉は、本当にそのとおりだと思います。興味関心がない状態でいくら文章を読んでも、頭に入ってきません。テーマに対して「前のめり」になっていることがなによりも大切です。そして、この「前のめり」の状態は、ある程度自分で作りだすことができます。「ちょっと気になる」ものがあったら、マンガや映画など、とっつきやすいもので構いませんのでとにかく触れてみましょう。たとえば僕の場合、『阿《あ》・吽《うん》』（おかざき真理／小学館）というマンガを読んだことで仏教に興味が惹かれ、『日本仏教の創造者たち』（ひろさちや）、『禅と日本文化』（鈴木大拙／岩波書店）、『日本仏教史』（末木文美士／新潮社）など、仏教に関する本を何冊か楽しく読み通すことができました。また、『花もて語れ』（片山ユキヲ／小学館）というマンガで得た知識や考えたことは小説読解の授業にとても役立っています。マンガや映画は、視覚情報があるため感情移入しやすく、「前のめり」を作りだすための有効な装置になってくれます。〈＊〉

問六 内容合致問題ですね。選択肢を一つずつ検討していきましょう。

①「日本人としての最低限の常識」だけではインテリジェンス（＝教養）とはいえない、というのが筆者の立場なので誤りです。

② 13 に「自分にとって『心の栄養』となるような本を読んで、豊かなインテリジェンスへの道を行きたいものです」

とあります。「心の栄養になる」というのは、知識が自分の一部になっていくということですから、「インテリジェンス」＝「血肉となっている生きた知識」であり、正しい説明です。

③「読書家に指南された読書」が誤りです。人から勧められるのではなく、自分の内的な動機に支えられた読書（「知りたい！」と思って読む読書）でないと意味がない、というのが筆者の立場です。

④10に「興味のない本を読んだところで、まあ、なにもなりません」とあります。興味がなければいくら時間をかけても意味がないわけですから、「読書に費やした努力と時間に比例」は誤りです。

⑤「知識がただその人の脳細胞に記憶されている」のは、単なる「もの知り」であって、「インテリジェンス」とはいえません。

【解答欄】

問一（各2点）	外的（な契機）→内的（な契機）
	なりません→なります
問二（4点）	③
問三（4点）	①
問四（各1点）	ア ①　イ ②
問五（3点）	⑤
問六（3点）	②

❸ 生徒からの質問コーナー

【Q１】読むのが遅いんですけど、どうしたらいいですか？

輿水　あー、この質問よくありますね。西原先生はどんなふうに答えますか？

西原　「読むのが遅い」とか「速く読めるようになりたい」というのは一番多く受ける質問です。「速く読めるようになりたい」というのは、「速く読んで高得点を取りたい」ということですよね。それは「究極の目標」ですから、一言でいえば「全部必要」です。僕が授業で話していること、参考書に書いていることのすべてが、その目標に向かっています。ですから、――つまらない答えになってしまいますが――、「読解方略」や「問題解説」に書いてあることを意識しながら、一つひとつの文章を丁寧に読むことを繰り返してください。地道な反復の結果として少しずつスピードが上がっていく、そんなイメージです。輿水先生はどう答えますか。

輿水　僕は、「まずは遅くてもいいよ」と答えるかな。歯磨きと同じで、最初は時間をかけてゆっくり丁寧に磨く（読む）。で、それを繰り返しているうちに、だんだん、速く丁寧に磨ける（読める）ようになる。一番良くないのは、読むスピードばかり気にして、雑に読む癖がついちゃうこと。制限時間内に終わっても、点数が取れていなければ意味がない。丁寧に読むことを繰り返すことで、自然に読むスピードが上がっていくのがベストだと思います。問題編巻末の「おすゝめ本一覧」を参考にして、毎日少しでも活字に触れましょう。

西原　たとえば、『14歳からの哲学入門』（飲茶／二見書房）では、入試現代文にも登場するカント、ウィトゲンシュタインといった哲学者の思想が紹介されているのですが、多くの高校生が哲学に抱きがちな「小難しい」「かたい」「つまんない」というイメージを大いに覆してくれます（「哲学者は十四歳の子どもと同レベル」という話からはじまり、最終章では「ニートこそ唯一の希望」という話になっています）。ほかにも『史上最強の哲学入門』（河出書房新社）など、飲茶さんの本は、哲学を面白く、身近なものに感じさせてくれますね。

輿水　騙されたと思って、読んでみてほしいですね。楽しみながら知識も読解力も身に付けることができたら最高じゃないですか。

第2講
解説
Answer

『日本の一文30選』（中村明）

〔解説：西原剛〕

ジャンル	字数	問題頁
評論	1599字	P.31

◆言葉への感度

人気漫画『ワンピース』の主人公ルフィの有名なセリフ、「海賊王に、おれはなる！」。作者の尾田栄一郎は、このセリフに込めた強いこだわりについて、「〝強い言葉〟なんです、文法的に。『おれは海賊王になる！』という言葉を選ぶ僕では、ルフィは描けなかったと思います」と書いている。たしかに、「おれは海賊王になる！」というルフィには、あまり魅力を感じない（なぜだろう？）。ちょっとした違いが大きな差をもたらすことを、すぐれた表現者はよく知っている。言葉への感度を高めよう。設問は問一が少し難しい。しっかり根拠を持って正解を選べただろうか。西原先生の解説を読んでみよう。（輿水）

❶全文解釈

1 気のやさしい山賊が、しばらくいっしょに暮らしてきた女を背負って、満開の桜の森の中に一歩足を踏み入れると、とたんに異様な雰囲気を感じる。❶ 振り返ると、背中の女が「口は耳までさけ、ちぢくれた髪の毛は緑」、「全身が紫色」で、「顔の大きな老婆」に見えた。（妖怪!?）これは鬼だと思い、あわてて振り落とそうとするが、相手は落とされまいと咽喉にしがみつく。その手に力がこもると、男は首が絞まって目の前が暗くなる。夢中で相手の首を絞めたらしく、❷ 気がつくと、女はすでに息絶えたのか、地面に横たわったまま身動きひとつしない。

（死んじゃったのかな……）

2 その場面で、作者の坂口安吾は、「彼の呼吸はとまりました。彼の力も、彼の思念も、すべてが同時にとまりました」と書き、「女の死体の上には、（死んだのか）すでに幾つかの桜の花びらが落ちてきました」と続ける。❸

3 ここでは、その直後に出てくる「彼は女をゆさぶりました。呼びました。抱きました。徒労でした。彼はワッと泣きふしました。❹」という一節に注目したい。❺ 連続する五つの文はすべて短く、しかも、どの文間にも、接続詞がまったく使われていないのだ。(1)どうして、こんな形になったのだろう。❻

4 まず、この情報をすべて、たった一つの文にまとめてみよう。「彼は女をゆさぶって呼んだり抱いたりしましたが、徒労だったのでワッと泣きふしました」というふうに、全体を一文にまとめたところで、全部で四〇字ほどにすぎず、小説の文の平均程度の長さにしかならない。❼ それをなぜ五つもの文に切り分けたのだろう。（うーん、なぜだろう）

✔脳内活動・重要語彙

❶ こんな場面かな。「満開の桜」ってすごくきれいだけれど、どこか妖しい雰囲気があるよな。夜桜なんかは特に。

❷ 「夢中」になって男自身なにをやっているかわかっていないから、「首を絞めたらしく」なんだな。

❸ 死体の上に桜の花びらが舞い落ちる……。妖艶な雰囲気だな。

❹ 男が泣いているってことは、「鬼」ではなく「女」だったんだな。「満開の桜」の異様な雰囲気の中で、男は「鬼」の幻覚を見たのかもしれない……。

❺ 「注目したい」だから大事な内容。

❻ どうしてかな。答えを探しながら読もう。

❼ つまり、「長いから五つに分けた」わけではない。

5 短い文に切り離すにしても、「彼は女をゆさぶりました。そして、呼びました。それから、抱きました。しかし、徒労でした。それで、ワッと泣きふしました。」というふうに、接続詞でつなぐ方法もある。それなのに、四つの文間のどの一つも、そういう接続詞でなぜ関連づけなかったのだろうか。

6 実は、この二つの問い[8]（なぜだ。わからない……）はたがいに連動しているのである。全体を一つの文にまとめるためには、「ゆさぶる」「呼ぶ」「抱く」という三つの行動の時間的な前後関係や、それらと「徒労」、その「徒労」と「泣きふす」との因果関係[9]をきちんと認識し、原文では切り離してある個々の文相互の意味関係を決定してかからなければならない。

7 「徹夜で勉強した」と「試験に失敗した」という二つの文を接続詞でつなぐ場合を想定してみよう。多くの人は「しかし」「だが」「けれども」といった逆接の接続詞を想定するだろう。[10]が、反対に、［ X ］や［ Y ］といった接続詞でつなぐ人もあるかもしれない。徹夜で勉強したのにそれでも失敗したと考えるか、徹夜なんかするから当日ぼうっとして失敗するんだと考えるかという、人それぞれのとらえ方の違いを反映しているのだ。

8 このように、同じ二つの文が、まったく違った意味関係の接続詞でともに結びつくことのできるのは、接続詞というものが、事実と事実との間にあらかじめ存在する論理関係を客観的に指示するわけではないからだ。つまり、接続詞は、表現する人間が、その両者の関係をどうとらえるかという、自分の考え方を表明する働きをしているのである。その意味では、客観的な面が強いと言うこともできるだろう。[11]

9 こういうふうに考えてくれれば、作者がこの場面で一つの行為ごとに文を切り離し、その

---

[8] 「二つ」というのは、「なぜ五つの文に分けたのか」と「なぜ接続詞を用いなかったのか」だな。

[9] 「ゆさぶりました。そして、呼びました。それから、抱きました。しかし、徒労でした。それで、ワッと泣きふしました。」という文と文との関係。

[10] うんうん。「徹夜で勉強した。しかし、試験に失敗した」と考えるな。

[11] 「客観的な面が強い」はおかしくないかな……。☞ 問三

間に一つの接続詞も置かなかった理由⑫が見えてくる。傍観者の冷静な頭には、それぞれの行為の意味も、たがいの論理関係も当然わかっているが、⑬いっしょに暮らしてきた女を自分の手で殺してしまったのではないかと、現場であわてふためいている渦中の男に、自分の行為の全体像を組み立てる、そんな余裕はない。⑭

10 接続詞抜きで短文の連続する、このあたりの大胆な書き方は、作者が意図的に文間のつながりを断ち切ることによって文章の活力を増大させるとともに、これは大変なことになったと、おろおろしている山賊自身の心理をも映しながら、その現場の空気を忠実に描きとった絶妙の表現であるように思われる。⑮

⑫ 傍線(1)の答えが書かれそうだ!

⑬ 傍観者である読者には「彼は女をゆさぶりました。そして、呼びました。それから、抱きました。しかし、徒労でした。それで、ワッと泣きふしました」という、論理関係はわかっている。

⑭ つまり、男の余裕のなさ、焦りを表現するために、あえて接続詞を用いなかったってことか! 論理関係を明確にするには、冷静さが必要。それを逆手にとったんだな。

⑮ 確かに、絶妙の表現。作家ってすごいな。

❷ 解答・解説

問一　傍線部の理由を考える問題。前文を含めて抜き出します。

> 3 連続する五つの文はすべて短く、しかも、どの文間にも、接続詞がまったく使われていないのだ。(1)どうして、こんな形になったのだろう。

「こんな」は指示語で、原則直前を指しますので、「こんな形」とは「短い五つの文が、接続詞なしで連続する形」です。どうして「こんな形」になったのでしょうか。

《全文解釈》で示したように、その答えは文章終盤で明確に示されます。10に「接続詞抜きで短文の連続する、このあたりの大胆な書き方は、……これは大変なことになったと、おろおろしている山賊自身の心理をも映しながら、その現場の空気を忠実に描きとった絶妙の表現である」とありますね。接続詞は文と文をつなぐ言葉ですが、文と文のつながりを冷静に判断できていなければ、接続詞を正しく使うことはできません。それを逆手にとって、「冷静さを失っている男の心理を表すため」に、あえて接続詞のない短文の連続にしたのでしょう。正解は④です。

①は「大げさに表現」が誤りです。10に「現場の空気を忠実に描きとった絶妙の表現」とあります。「忠実」なので、「大げさ」ではありません。

②「文と文の論理関係は必ずしも一つに定まるわけではなく、状況をどう捉えるかによって接続詞の選択も変わってくる」というのは、7や8の内容に合致しますが、傍線部の理由説明になっていません。

【選択肢②】
文と文の論理関係は必ずしも一つに定まるわけではなく、状況をどう捉えるかによって接続詞の選択も変わってくる。

【傍線⑴】
こんな形（＝短い五つの文が、接続詞なしで連続する形）になった。

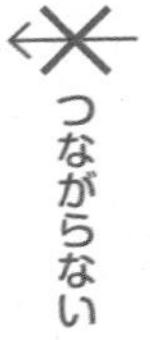

③は「一緒に暮らしてきた女が実は鬼だとわかったことの衝撃」が誤りです。本当に「鬼」であったのならば、殺したことで「おろおろ」する必要はありません。「鬼」と錯覚し、一緒に暮らしてきた女を殺してしまったために、焦ってい

るのです。⑤「傍観者の冷静な頭には、おろおろしている山賊の一つ一つの行為の意味も互いの論理関係もわかっている」は、文章内容には合致しますが、②同様、傍線部の理由になっていません。

問二 空欄の前後を抜き出します。

---

7 多くの人は「しかし」「だが」「けれども」といった逆接の接続詞を想定するだろう。㋒が、反対に、［ X ］や［ Y ］といった接続詞でつなぐ人もあるかもしれない。徹夜で勉強したのにそれでも失敗したと考える㋕か、徹夜なんかするから当日ぼうっとして失敗するんだと考えるか……。

［　　］は［　　］の具体例です。次のように整理できます。

多くの人は「しかし」「だが」「けれども」といった逆接の接続詞を想定する

【例】徹夜で勉強したのにそれでも失敗したと考える

↔

［ X ］や［ Y ］といった接続詞でつなぐ人もある

【例】徹夜なんかするから当日ぼうっとして失敗するんだと考える

「しかし」「だが」「けれども」と「のに」が対応していますので、［ X ］［ Y ］には「から」と対応する語が入ると考えられます。「から」は「順接（前の事柄の当然の結果として後の事柄が起こることを示す）」の働きがありますので、空欄にも「順接」の働きをもつ語を入れましょう。正解は③「Xだから／Yそれで」です。

接続詞の使い方が「人それぞれの捉え方の違いを反映している」というのは面白い指摘ですね。たとえば、「恥ずかしい」「服を着る」を接続詞でつなぐとしたら、どのようにつなげるでしょうか。みなさんもいくつか書き出してみてください。

次のように、色々と考えられると思います。

2

【例1】恥ずかしい。だから、服を着る。

「身体を人に見せるのは恥ずかしいから、服を着る」という意味です。これが一番オーソドックスなつなぎ方かもしれません。でも、ほかのつなぎ方もありえます。高校生時代、「ジーパン＋白いセーター＋〝蛇〟という大きな刺繍が施された真っ赤な野球帽」という謎ファッションに身を包んでいた僕は、次のようなつながりを考えました。

【例2】恥ずかしい。でも、服を着る。

「自分のファッションセンスに自信がないので、オシャレな人たちの集まりに参加するのは恥ずかしい。でも、服を着ないわけにはいかないので、服を着る」という意味です。あるいは、もう少し単純に「服の好みがほかの人と違うので、(自分が好きな)服を着るのは恥ずかしい。それでもやっぱり、着たい服を着る」という意味としても通ると思います。このように、接続詞の使い方には、人それぞれの捉え方の違いがよく表れるのです。

問三 誤記訂正問題です。8を丁寧に読みましょう。次のような記述があります。

8……接続詞は、表現する人間が、その両者の関係をどうとらえるかという、自分の考え方を表明する働きをしているのである。その意味では、客観的な面が強いと言うこともできるだろう。

「客観的」と、その対義語の「主観的」はいずれも重要な語句なので解説しておきます。辞書的な厳密な意味というより、評論文に出てくるときの語句のイメージだと思ってください。

客観的…誰にとっても同じであること。
【例】「西原」よりも「興水」の方が、漢字の画数が多い。
主観的…個人的な物の見方・考え方。
【例】「西原」よりも「興水」の方が、名前がかっこいい。

本文に戻ります。接続詞には「自分の考え方を表明する働き」があります。つまり、接続詞の使用は「個人的」なものなのですから、「客観的な面が強い」はおかしいですね。ここは本来「主観的な面（が強い）」になっていたはずです。

〈＊〉今回紹介されている『桜の森の満開の下』では、「接続詞を用いないことで、男の焦りを表わす」という工夫がみられました。『日本の一文30選』では、ほかにも様々な表現技術が紹介されており、第2章では「異例結合」がとりあげられています。これは、「静かな嘘」「透明な儚さ」（川端康成『雪国』）のように、普通はくっつかない言葉を結びつけるという技法です。次の文を読んでください。

「それじゃ、電話きるわよ。」と、しばらくの猛烈な沈黙のあとで彼女が言った。（庄司薫『赤頭巾ちゃん気をつけて』）

これは以下のような場面で登場する一文です。男の子が女の子とテニスをする約束をしていたが、ケガをしてしまい、取り消しの電話を入れた。なかなか言い出せず、女の子は楽しそうにしゃべっていたが、男の子がなおざりな応対を続けているうちに機嫌を損ねて黙ってしまう。そして、女の子は「猛烈な沈黙」のあとで、「それじゃ、電話きるわよ」と不機嫌な声をしぼりだす……。

ここでは、「猛烈」と「沈黙」という、普通は結びつかない語をあえて結びつけています。それによって、女の子の男の子に対する強い憤りや、男の子が感じている切迫感がよく伝わってくるのではないでしょうか。僕は『日本の一文30選』を読んで、「作家ってすごい！」「そしてそれに気づける著者もすごい！」と何度も思いました。ほかにもたくさんの表現上の工夫が紹介されていますので、是非読んでみてほしい一冊です。〈＊〉

【解答欄】

問一（8点）	④
問二（4点）	③
問三（8点）	客観的な面

第3講

解説
Answer

『多数決を疑う』

（坂井豊貴）

〔解説：西原剛〕

ジャンル
評論
字数
1374字
問題頁
P.37

◆「当たり前」を疑う

「良い大学に入りたい」という表現がある。しかし「良い大学」というときの「良い」とはなんだろうか。ここで良し悪しの指標となっているのはなんだろうか。偏差値？　しかし偏差値で学力を測定するのは実は日本くらいのものだ。だから「偏差値が高いから良い大学」という判断自体が海外には存在しない。欧米に行って初めて家の中で靴を脱ぐことが「当たり前」でないことに気が付くように、自分にとっての「当たり前」の外に出て、「当たり前」を疑うところから、別のあり方を模索する営みが始まる。そして「当たり前」を疑うのは現代文の得意とするところだ。では、西原先生の解説を読んでみよう。（輿水）

❶ 全文解釈

[1] 多数決は人々の意思を適切に集約できるのだろうか。❶

[2] 二〇〇〇年のアメリカ大統領選挙を例に挙げよう。当初の世論調査では、民主党の候補ゴアが共和党の候補ブッシュに勝っていた。だが途中で泡沫候補※1のラルフ・ネーダーが立候補を表明、最終的に支持層が重なるゴアの票を喰い、ブッシュが漁夫の利※2を得て当選することとなった。❷ 多数決は「票の割れ」にひどく弱いわけだ。(中略)

[3] 多数決のもとで有権者は、自分の判断のうちごく一部に過ぎない「どの候補者を一番に支持するか」しか表明できない。❸ 二番や三番への意思表明は一切できないわけだ。だから勝つのは「一番」を最も多く集めた候補者である。そのような候補者は広い層の支持を受けたものとは限らない。極端な話、ある候補者が全有権者から「二番」の支持を受けても、彼らが「一番」に投票するのであればその候補者には1票も入らない。ゼロ票である。❹

[4] 多数決の選挙で勝つためには、どの有権者をも取りこぼさないよう細かく配慮するのは不利というわけだ。とにかく一定数の有権者に一番に支持してもらい、投票用紙に名前を書いてもらう必要がある。政治家だって生活がかかっているし、落選するのは辛い。万人に広く配慮したくとも、一番に支持してもらえないと票に結び付かないので、(a)そうしにくい。その結果として選挙が人々の利害対立を煽り、社会の分断を招く機会として働いてしまう。❺

[5] だが(b)これは政治家や有権者が悪いのではなく、多数決が悪いのではないだろうか。しかし多数決を採用しているのは人間である。多数決を自明視※3する固定観念が悪い。❻

☑ 脳内活動・重要語彙

❶ わざわざ聞くってことは、筆者は「適切に集約できない」と思っているんだな。

※1 泡沫候補・※2 漁夫の利(P26補足説明参照)

❷ こんな感じかな。

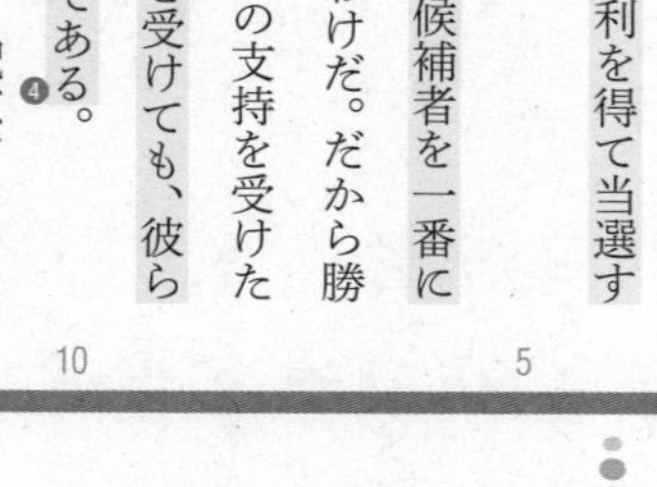

❸ 投票用紙には一人の名前を書くだけだから、「私はこの人を一番に支持している」という気持ちは示せるが、「私はこの人を二番目に支持している」とか「この人だけは絶対落選してほしい」とかいう気持ちは示せない。

❹ 有権者から、そこそこ(=二番目くらいに)人気がある人よりも、一部の人から強烈に(=一番に)支持されている人の方が当選しやすい。

6　❼ではいったい私たちは多数決の何を知っているというのだろうか。❽それはいつ、何を対象として、何のために使われるべきものなのか。利用上の注意点は何か。どんなときに他の手法に取って代わられるべきなのか。多数決をするとしても、重要な物事――例えば憲法改正――を決めるときには、何％の賛成が必要とされるべきなのか。家電製品のように説明書きが要るのではなかろうか。

7　そして、これらの「べき論」❾は、趣味や嗜好ではなく、論拠や証拠に基づき展開される必要がある。一定の耐震基準を満たさない建築物は、いかにそれが趣味や嗜好※4に適《かな》っていたとしても、あるいは伝統や宗教が是としようとも、安全性の面から棄却※5されねばならないように。それ❿は何よりもまずそこに居る人間のためである。

8　社会制度は天や自然から与えられるものではなく、人間が作るものだ。⓫(c)それはいわば最初から不自然なもので、情念より理性を優先して設計にあたらねばならない。「設計」という語に旧共産主義国家の名残を感じ、抵抗を覚える人がいるかもしれない。「理性」と聞くと大袈裟で、説教めいた印象を受ける人もいるかもしれない。だが少し考えてみてほしい。

9　伝統や宗教による支配――それはときに伝統や宗教の名のもとに人が人を服従させることだ――を避けたいならば、自分たちのことを自分たちで決めたいならば、自分たちでそれ⓬が可能となる社会制度を作り上げねばならない。これは単なる論理的偶然であり、民主政も共産政もへったくれもない。⓭

10　そして、その作業は面倒なうえ注意深くあらねばならないので、情動※6のおもむくまま行うわけにはいかない。理性やら知性やら悟性※7など、使うと疲れるしんどい能力をいやでも

❺ 「一部からの強烈な支持」を優先すると、対立候補への誹謗中傷が増え、社会の分断が広がってしまう。これは日本でもよく見られる光景。

※3 自明視（P26補足説明参照）

❻ 「多数決」っていうと無条件で正しい気がしていたけど、そうでもないのだな。

❼ 話題転換の接続詞。

❽ それ＝多数決。

❾ 「多数決は○○のために使われるべきだ」「○○％の賛成が必要とされるべきだ」といった主張。

※4 嗜好・※5 棄却（P26補足説明参照）

❿ 多数決などの社会制度。

⓫ たとえば、民主主義という制度だって、大昔からあったわけではなく、先人の努力によって獲得されたものだ。

⓬ 自分たちのことを自分たちで決めること。

⓭ 論理的「偶然」？　なにかおかしいな……。

※6 情動・※7 悟性（P26補足説明参照）

用いる必要があるし、歴史に学ぶ必要だってある。

ページ	重要表現（語彙）	補足説明
24	※1 泡沫候補	当選見込みが極めて低いと考えられる立候補者。
24	※2 漁夫の利	二者が争っているうちに、第三者が労せずして利益をさらうこと。
24	※3 自明視	説明や解説をしなくても、自ずと明らかだと考えること。
25	※4 嗜好	好んで親しむこと。好み。
25	※5 棄却	捨てて、とりあげないこと。
25	※6 情動	一時的で急激な感情の動き。
25	※7 悟性	物事を判断・理解する思考力。知性。

② 解答・解説

問一・二・三は指示語に関する問題です。**指示語は、原則直前の内容を指します**（指示対象が遠くにあると、読者はどうつながるのかわからず困ってしまいますよね）。指示語が出てきたら、まずは直前の語句の中からあてはまりそうなものを選び、指示語の代わりに入れて読んでみましょう。文意が自然に通ればそれが正解です。このとき、**指示語の直後の内容もヒントになります**。次の例を見てください。

綾子はお茶会に参加した。黒塗りの茶碗に入ったお茶と、羊羹が出された。

それはとても
- 美しかった。…Ⓐ
- 甘かった。…Ⓑ
- 手触りが良かった。…Ⓒ

Ⓐの場合、「それ」は、「茶碗」or「お茶」or「羊羹」あるいは、それらが並ぶ「光景」を指します。この文だけだと、どれを指すかは特定できません。Ⓑの場合、「それ」＝「茶碗」と考えると、「茶碗はとても甘かった」になってしまうので、綾子さんがよほど偏食でないかぎり（お茶碗にかじりつく人でないかぎり）、その可能性はなさそうです。「それ」＝「お茶」という可能性もゼロではありません（「お茶が甘い」という表現はありえます）が、普通に考えれば、「それ」＝「羊羹」で、「羊羹はとても甘かった」という意味になるでしょう。Ⓒの場合、「手触り」ですから、「それ」＝「茶碗」だと考えられます（綾子さんがお茶に手を突っ込んだり、羊羹を手づかみで食べたりする人なら別ですが）。

　このように、指示語は**原則直前の内容**を指しますが、候補がいくつかある場合、**後ろの内容**をヒントにしつつ、指示語の部分に候補の語を代入して、文意が自然に通るかどうかを確認してください。

問一　傍線を含む一文を抜き出します。

《万人に広く配慮》したくとも、一番に支持してもらえないと票に結び付かないので、(a)そうしにくい。

「そうしにくい」の「そう」に《　》内の語句を代入すると、「万人に広く配慮はしにくい」となり、文意が自然につながります。③「幅広く多くの人に配慮すること」が正解です。

問二　傍線部の前後を抜き出します。

---

4 その結果として《選挙が人々の利害対立を煽り、社会の分断を招く機会として働いてしまう》。
5 だが(b)これは政治家や有権者が悪いのではなく、多数決が悪いのではないだろうか。

「これ」に、《　　》内の語句を代入すると、「選挙が人々の利害対立を煽り、社会の分断を招く機会として働いてしまうのは……多数決が悪い」となり、文意が自然につながります。選択肢の中から《　　》に近いものを探し、①「人びとの間で溝が深まること」を選びます。「日本の政治家はダメだ！」といった言葉をよく耳にしますが、個々の政治家だけでなく、制度に目を向けることも必要なのかもしれませんね。

問三　傍線部の前後を抜き出すと「社会制度は天や自然から与えられるものではなく、人間が作るものだ。(c)それはいわば最初から不自然なもので、情念より理性を優先して設計にあたらねばならない」とあります。整理すると次のようになります。

社会制度は……人間が作るものだ。
≒　　≒ **類似表現！**
(c)それは……設計にあたらねばならない。

「作る」と「設計（にあたる）」はほぼ同じ意味ですから、「(c)それ」＝「社会制度」と考えられます。したがって、答えは①「社会」or②「制度」のどちらかでしょう。この二つで迷うかもしれませんが、②「制度」を選ぶべきです。なぜなら、「社会制度」は「制度」の一種ではありますが、「社会」ではないからです。似たような例を挙げますね。

【例1】「東京大学」は「大学」だが、「東京」ではない。
【例2】「日本庭園」は「庭園」だが、「日本」ではない。

これらの例と同様に、「社会制度」は「制度」ですが、「社会」ではありません。したがって、どちらかを選ぶとすれば、②「制度」が良いでしょう。

問四　内容合致問題です。

①「多数決は有権者の気持ちをもっともよく反映」は、[3]「多数決のもとで有権者は、自分の判断のうちごく一部（しか示せない）」と合致しません。

②「多数決は幅広く支持を得た人が当選」は、[3]「（多数決で）勝つのは『一番』を最も多く集めた候補者である。そのような候補者は広い層の支持を受けたものとは限らない」と合致しません。

③「社会の分断や利益対立が起こってしまう主な原因は政治家」は、[5]「これ（＝社会の分断）は政治家や有権者が悪いのではなく」と合致しません。

④「伝統や宗教による支配をできるだけ長く維持しなくてはならない」が誤りです。[9]「伝統や宗教による支配……を避けたいならば」とあるように、筆者は、伝統や宗教による支配を否定的に捉えています。

⑤は、[10]「（社会制度を作る）作業は面倒なうえ注意深くあらねばならない」や、[8]「（社会制度は）情念より理性を優先して設計にあたらねばならない」と合致します。これが正解です。

問五　誤記訂正問題です。《全文解釈》のように、[9]「論理的偶然」のところで「!?」と思うことができたでしょうか。「偶然」は「たまたま」という意味、対義語の「必然」は「必ずそうなる」という意味です。[9]「論理的偶然」の直前に「自分たちのことを自分たちで決めたいならば、自分たちでそれが可能となる社会制度を作り上げねばならない」とありますね。「自分たちのことを自分たちで決めたい」のであれば、必然的に「自分たちでそれが可能となる社会制度を作り上げねばならない（ことになるよね）」というのが筆者の立場ですから、「（論理的）偶然」ではなく「（論理的）必然」とするべきです。

【解答欄】

問一（4点）	問二（4点）	問三（4点）	問四（4点）	問五（4点）
③	①	②	⑤	偶然 → 必然

❸ 生徒からの質問コーナー

【Q2】現代文に出てくる難しい言葉の意味がわかんないんですけど……。

西原 確かに、「逆説」とか「アイデンティティ」とか、友だちとの会話では使わない言葉がたくさん出てきますよね。どうしたら良いでしょうか。

輿水 いわゆる「評論用語」と呼ばれるものですよね。でも、現代文の読解にどうしても必要な評論用語って、実はそんなに多くないと思います。難しい言葉はたくさん出てくるけど、全部を知っていなければならないわけではないというか。たとえば本文の中でその説明がなされていたり、漢字から意味を推測することができたり。で、どうしても覚えておかなきゃならない言葉に関しては、本書の中でも詳しく説明していますから、まずはそれをきちんと理解して、使えるようにしてほしいですね。僕はよく生徒に、「覚えた言葉は使いなさい」と言っています。たとえばＬＩＮＥで友達とやり取りするときにはなるべく評論用語を使うとか。友達減っちゃうかもしれないけど(笑)

西原 「誰かに伝える」のは大切ですよね。それだけで記憶の定着率が何倍にもなるという話を聞いたことがあります。

相手の反応がある方が良いので、語りかける相手は人間がベストですが、友だちが減るのがどうしても嫌な人は、ペットの犬でもトカゲでも、あるいはぬいぐるみでも構いません。部屋のミッキー（プーさんでも、スティッチでも、木彫りの熊でも可）に向き合い、「お前のアイデンティティはなんなんだい？」と語りかけてください。あなたのご両親が我が子の精神状態を不安視する頃には、読解力がグンっと上がっているはずです。

輿水 友だちが減ったり精神状態を疑われたり、散々だな(笑)。でも、勉強ができるようになるっていうのは、「人間が変わる」「キャラが変わる」ことだからね。使う言葉が変わると人間が変わるから、勉強の取り組み方も変わり、結果として成績が変わる。はじめは、難しい言葉を使う自分に気持ち悪さを感じるかもしれないけれど、慣れたらそれが当たり前になってくる。受験生にとって評論文は「読むもの」だけど、大学で学んだことの集大成として執筆する卒業論文は、ある種の評論文だから、いつかみなさんも評論用語を駆使して評論文を「書く」側に回ります。覚えた言葉を小さめのノートに書き込み、いつも持ち歩いて、「スキマ時間」で何度も見返すという方法がおすすめです。

第4講
解説
Answer

『人新世の「資本論」』

（斎藤幸平）

〔解説：西原剛〕

ジャンル	字数	問題頁
評論	1948字	P.43

◆資本主義の向こう側

いつか宗教学者の上田紀行《のりゆき》が言っていた。「『ガンジーもキング牧師も理想ばっかり言って、結局いまだに戦争も差別もなくなっていないじゃないですか』と言って突っかかって来る学生に対して僕が言うのは、彼らがいなかったらもっとこの世界はひどくなっていたよってこと」。現実は理想に引っ張られるようにして、少しずつ変わっていく。筆者の指摘は、資本主義の現実にどっぷり浸かりそれ以外のあり方をうまく想像できなくなっている我々に、また、気候変動の危機の原因が資本主義にあるとわかっていながらそれにしがみつこうとする我々に、揺さぶりをかけてくる。解説でさらに理解を深めよう。（輿水）

❶ 全文解釈

1 温暖化対策として、あなたは、なにかしているだろうか。レジ袋削減のために、エコバッグを買った?（買った）ペットボトル入り飲料を買わないようにマイボトルを持ち歩いている?（持ち歩いていない）車をハイブリッドカーにした?（していない。ダイハツの軽自動車に乗っています）

2 はっきり言おう。(1)その善意だけなら無意味に終わる。それどころか、その善意は有害でさえある。（そうなの!? はっきり言うなぁ）

3 なぜだろうか。温暖化対策をしていると思い込むことで、真に必要とされているもっと大胆なアクションを起こさなくなってしまうからだ。（教えてほしい）良心の呵責《かしゃく》❶から逃れ、現実の危機から目を背けることを許す「免罪符」として機能する消費行動は、資本の側が環境配慮を装って私たちを欺くグリーン・ウォッシュ*1にいとも簡単に取り込まれてしまう。

4 では、国連が掲げ、各国政府も大企業も推進する「SDGs（持続可能な開発目標）」なら地球全体の環境を変えていくことができるだろうか。いや、それもやはりうまくいかない。政府や企業がSDGsの行動指針をいくつかなぞったところで、気候変動は止められないのだ。（そうなの!?）SDGsはアリバイ作りのようなものであり、目下の危機から目を背けさせる効果しかない。❷

5 かつて、マルクスは、資本主義の辛《つら》い現実が引き起こす苦悩を和らげる「宗教」を「大衆のアヘン*2」だと批判した。SDGsはまさに現代版「大衆のアヘン」である。❸

6 アヘンに逃げ込むことなく、直視しなくてはならない現実は、私たち人間が地球のあり方を取り返しのつかないほど大きく変えてしまっているということだ。

✔ 脳内活動・重要語彙

❶ 環境に悪い行動をしているなぁ、と自分で自分を責める気持ち。

*1 **グリーン・ウォッシュ**…環境に配慮しているかのように見せかけること。環境意識の高い消費者に働きかけて、商品やサービスを売るために行われる。

❷「SDGs」は「アリバイ作り」。つまり「やってる感」の演出に過ぎない。

*2 **アヘン**…麻薬。多幸感や落ち着いた気分を味わうことができる（らしい）が、使用を中断すると強烈な禁断症状に襲われる。多量摂取によって、呼吸困難、昏睡の末、死に至ることもある。

❸「SDGs」を語っておけば、なんとなく問題が解決されるような気がするが、それは現実から目を背けて短期的な快楽に浸っているに過ぎない。なかなか手厳しいな……。

*3 **世**…地質学的に見た時代区分。左図のように、「世」は一～数百万年レベルの時代区分である。「人新世」という呼称が生まれた背景には、現在の地球がそれだけ大きな変化の時期にあるという認識がある。

7 人類の経済活動が地球に与えた影響があまりに大きいため、ノーベル化学賞受賞者のパウル・クルッツェンは、(2)地質学的に見て、地球は新たな年代に突入したと言い、それを「人新世《ひとしんせい》」＊3（Anthropocene）と名付けた。❹人間たちの活動の痕跡が、地球の表面を覆いつくした年代という意味である。

8 実際、❺ビル、工場、道路、農地、ダムなどが地表を埋めつくし、海洋にはマイクロ・プラスチック＊4が大量に浮遊している。人工物が地球を大きく変えているのだ。とりわけそのなかでも、人類の活動によって飛躍的に増大しているのが、大気中の二酸化炭素である。

9 ご存知のとおり、二酸化炭素は温室効果ガスのひとつだ。温室効果ガスが地表から放射された熱を吸収し、大気は暖まっていく。その温室効果のおかげで、地球は、人間が暮らしていける気温に保たれてきた。

10 ところが、産業革命以降、人間は石炭や石油などの化石燃料を大量に使用し、膨大な二酸化炭素を排出するようになった。＊5産業革命以前には二八〇ｐｐｍであった大気中の二酸化炭素濃度が、ついに二〇一六年には、南極でも四〇〇ｐｐｍを超えてしまった。これは四〇〇万年ぶりのことだという。そして、その値は、今この瞬間も増え続けている。❻

11 四〇〇万年前の「鮮新世」の平均気温は現在よりも二～三℃高く、南極やグリーンランドの氷床は融解しており、海面は最低でも六ｍ高かったという。なかには一〇～二〇ｍほど高かったとする研究もある。

12 「人新世」の気候変動も、当時と同じような状況に地球環境を近づけていくのだろうか。人類が築いてきた文明が、存続の危機に直面しているのは間違いない。

世（年代）
- 中新世（約2300万年前～約500万年前）
- 鮮新世（約500万年前～約258万年前）
- 更新世（約258万年前～約1万年前）
- 完新世（約1万年前～現在）
- 人新世？

❹「人新世」は本のタイトルになっている言葉だから、大事そうだな。

❺人新世の具体例が始まるんだな。

＊4 **マイクロ・プラスチック**…環境中に存在する微小なプラスチック粒子。自然分解されず、半永久的に残存する。

＊5

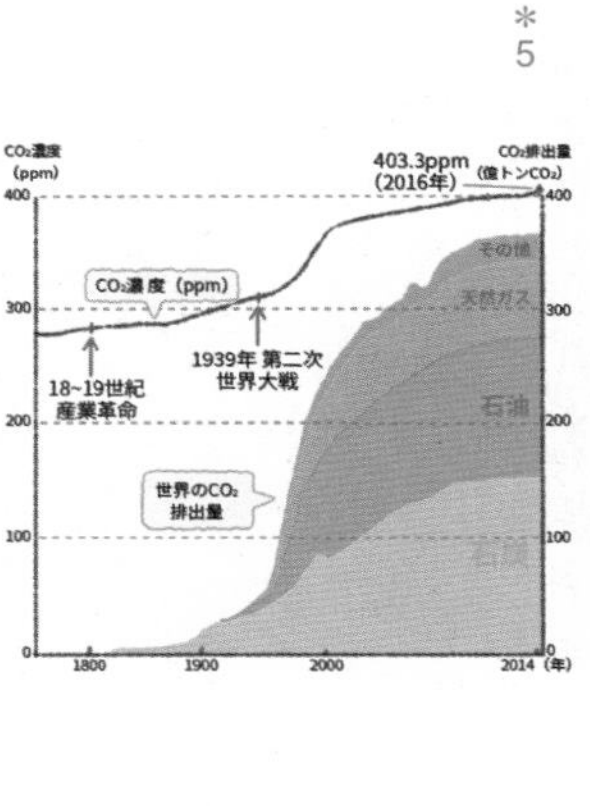

❻確かにこう見ると、人類の活動の痕跡が、悪い意味で地球を覆っているな。

13 近代化による経済成長は、豊かな生活を約束していたはずだった。ところが、「人新世」の環境危機によって明らかになりつつあるのは、(3)、まさに経済成長が、人類の繁栄の基盤を切り崩しつつあるという事実である。

14 気候変動が急激に進んでも、超富裕層は、これまでどおりの放埒《ほうらつ》*6な生活を続けることができるかもしれない。しかし、私たち庶民のほとんどは、これまでの暮らしを失い、どう生き延びるのかを必死で探ることになる。

15 そのような事態を避けるためには、政治家や専門家だけに危機対応を任せていてはならない。「人任せ」では、超富裕層が優遇されるだけだろう。❼ だからより良い未来を選択するためには、市民の一人ひとりが当事者として立ち上がり、声を上げ、行動しなければならないのだ。

16 この正しい方向を突き止めるためには、気候危機の原因にまでさかのぼる必要がある。その原因の鍵（「鍵」だから大事！）を握るのが、資本主義にほかならない（原因は資本主義か……）。なぜなら二酸化炭素の排出量が大きく増え始めたのは、産業革命以降、つまり資本主義が本格的に始動して以来のことだからだ。そして、その直後に、資本について考え抜いた思想家がいた。そう、カール・マルクス*7である。

17 本書はそのマルクスの『資本論』を折々に参照しながら、「人新世」における資本と社会と自然の絡み合いを分析していく。もちろん、これまでのマルクス主義の焼き直しをするつもりは毛頭ない。一五〇年ほど眠っていたマルクスの思想のまったく新しい面を「発掘」し、展開するつもりだ。❽

*6 **放埒**…酒色にふけること。ここでは、贅沢な暮らしをするさま。

❼「超富裕層」は、お金の力で自分たちに都合の良い方向に政治を動かすことができるからだな。

*7 **カール・マルクス**…ドイツの経済学者・哲学者。一八一八〜一八八三年。資本主義の原理を解明することを目的として『資本論』を著す。

❽ マルクスが一五〇年ほど前に書き残した『資本論』の知恵を、「人新世」の現代

18

この「人新世の『資本論』」は、気候危機の時代に、より良い社会を作り出すための想像力を解放してくれるだろう。

続き読みたい！

に生かしていく。だから「人新世の『資本論』」というタイトルなんだな。

4

❷ 解答・解説

問一 傍線部の理由を説明する問題です。設問に入る前に、16に出てくる「資本主義」の問題点について簡単に説明しておきます。

資本主義社会において、企業は自由競争のもとで経済的利益の拡大を目指します。平たくいえば「金儲け」ですね。みなさんのご両親が働いているのが民間企業であれば、もれなく「金儲け」を目指していると思います。僕自身もお金は欲しいですし、バブル期の予備校講師が僕の数倍の報酬を貰っていたというのも羨ましくてたまらないのですが、「金儲けだけ」になってしまうのは問題です。

かなり極端な例ですが、日本の河川の水質が極端に悪化し、水道水が飲めなくなってしまったとします。みんなが市販の「ミネラルウォーター」を買い求めるようになれば、ペットボトル一本の値段はどんどん上がっていくでしょう。富裕層はそれでも大丈夫でしょうが、一般庶民は水を買うことができず、汚染の進んだ水を飲んで体調を壊してしまいます。少なからぬ国民が苦しむ中、飲料メーカーは莫大な経済的利益を上げていくことでしょう。

もちろん、これはかなり極端な話です（飲料メーカーを悪者にしてすみません）が、「経済的価値」が必ずしも人々の「幸せ」につながらないことは理解してもらえると思います。「資本主義批判」は、今後の入試でますます出題されることになると思いますので、頭に置いておいてください。

それでは設問の解説に入りましょう。まずは傍線の前後を抜き出します。

1 温暖化対策として、あなたは、なにかしているだろうか。《レジ袋削減のために、エコバッグを買った？ ペットボトル入り飲料を買わないようにマイボトルを持ち歩いている？ 車をハイブリッドカーにした？》

2 はっきり言おう。(1)《その善意》だけなら無意味に終わる。それどころか、《その善意》は有害でさえある。

3 なぜだろうか。温暖化対策をしていると思い込むことで、真に必要とされているもっと大胆なアクションを起こさなくなってしまうからだ。

理由！

傍線部《その善意》とは、エコバッグやマイボトルを持ち歩いたり、車をハイブリッドカーにしたりすることです。

二〇二〇年七月にレジ袋が有料になったことで、エコバッグを持ち歩く人は増えましたよね。そのような「善意」は、無意味どころか有害でさえある、というのが筆者の立場です。これはなかなか思い切った指摘で、筆者は今流行りの（?）〝ＳＤＧｓ〟すら批判的に捉えています。そしてその理由は「温暖化対策をしていると思い込むことで、真に必要とされているもっと大胆なアクションを起こさなくなってしまうから」です。「から」は理由を表す助詞ですね。では、「大胆なアクション」とはどのような「アクション」なのでしょうか。文章終盤に次のような記述があります。

16 この正しい方向を突き止めるためには、気候危機の原因にまでさかのぼる必要がある。その原因の鍵を握るのが、資本主義にほかならない。

（中略）

18 この「人新世の『資本論』」は、気候危機の時代に、より良い社会を作り出すための想像力を解放してくれるだろう。

気候危機の原因をさかのぼると「資本主義」があります。したがって、地球温暖化を本当に解決しようと思えば、資本主義を問い直すしかないのですが、それはとても難しいことです。資本主義の中で生まれ育った私たちにとって、その価値観は空気のようにあたりまえのものであり、資本主義社会に代わる社会の姿など想像すること自体難しくなっています。「環境にやさしい」という広告に惹かれてハイブリッドカーを購入したとしても、それは結局、車を少しでも多く売ろうとする自動車会社の戦略に乗せられただけかもしれません。われわれはすぐに資本主義的な価値観にとりこまれてしまうのです。

筆者はそういった難しさをよく認識しているので、資本主義の常識を問い直すには、エコバッグのような表面的な対策ではない、もっと「大胆なアクション」が必要だと主張しているのです。その具体案はここではまだ明かされていませんが、少なくとも、「大胆なアクション」＝「資本主義を問い直し、より良い社会を作るための行動」であるとはいえるでしょう。

　筆者がエコバッグやマイボトルなどの「善意」を批判するのは、選択肢③**「表面的な対策で満足してしまうと、資本主義自体を反省してより良い社会を作るという根本的な態度が生まれないから」**です。これが正解です。

　①は「資本主義社会の維持のための大胆な行動」が誤りです。筆者は資本主義を否定的に捉えています。

　②は「従来のマルクス主義の教えをそのまま行動に移す」が誤りです。17に「もちろん、これまでのマルクス主義の焼き直しをするつもりは毛頭ない。……マルクスの思想のまったく新しい面を『発掘』し、展開する」とあります。

　④「環境に配慮した生活」とは、筆者が否定的に捉えている「エコバッグやマイボトルを持ち歩いたりする生活」だと考えられます。筆者はそのような行為を否定的に捉えています。この選択肢は「一般的には正しい」と思われる「道徳的な」内容ですが、それが正解になるとは限りません。入試現代文で問われるのはあくまでも、「筆者の意見」です。

　⑤「地球温暖化の影響を直接受けるのは庶民であり、超富裕層は、気候変動の中でも従来通りの豪華な暮らしを続けられる」は、14の内容にぴったりと合致しますが、傍線部の理由になりません。ためしにつないでみると次のようになります。

【選択肢⑤】

「超富裕層は、従来通りの豪華な暮らしを続けられる」

↚

【傍線⑴】

「（エコバッグやマイボトルといった）善意は有害だ」

　……うまくつながらないですね。理由説明問題を解くときは、単に本文中に書いてあるかどうかだけでなく、「傍線部の理由として自然につながるか」を確認してください。

　大事な話がでてきましたので、最後にもう一度まとめておきます。

・入試評論文で問われているのは、「あなたの意見」や「一般的な考え」ではなく、「筆者の考え」である。
・理由説明問題は、「本文に書いてあるか」だけでなく「理由として自然につながるか」を確認する。

問二　現代を「人新世」と呼ぶ根拠を考える問題です。傍線部とその後の段落を抜き出します。

7 ……(2)「人新世《ひとしんせい》」（Anthropocene）と名付けた。人間たちの活動の痕跡が、地球の表面を覆いつくした年代という意味である。

8 実際、ビル、工場、道路、農地、ダムなどが地表を埋めつくし、海洋にはマイクロ・プラスチックが大量に浮遊している。人工物が地球を大きく変えているのだ。とりわけそのなかでも、人類の活動によって飛躍的に増大しているのが、大気中の二酸化炭素である。

「人新世」とは、「人間たちの活動の痕跡が、地球の表面を覆いつくした年代」であり、8ではその実例が次のように挙げられています。

❶ビル、工場、道路、農地、ダムなどが地表を埋めつくす
❷海洋にマイクロ・プラスチックが大量に浮遊している
❸大気中の二酸化炭素が増加している

❶が選択肢④、❸が選択肢③に対応していますね。この二つが正解です。

ほかの選択肢を検討しましょう。

①・②は、温暖化対策として人々が行なっている（筆者からすれば、その場しのぎの）対策であり、現代を「人新世」と呼ぶ根拠とはいえません。

⑤「四〇〇万年前と比べ海面が最低でも六m上昇している」は誤りです。11に「四〇〇万年前の『鮮新世』の平均気温は現在よりも二～三℃高く、……海面は最低でも六m高かった」とありますが、これは、四〇〇万年前は海面が六m高かったという話であって、現代の話ではありません。

⑥「市民の一人ひとりが資本主義に反対する声をあげている」は本文中に根拠がありません。「資本主義に反対する

声をあげるべきだ」というのが筆者の立場です。

問三 選択肢①「皮肉」は、入試評論文頻出の重要語です。意味を確認しておきましょう。

ⓐ遠回しに意地悪く非難すること。
ⓑ期待とは異なる結果になること。

評論文ではⓑの意味で用いられることが多いです。「**あることを意図した行動が、意に反する別の結果を招いてしまう**」というイメージです。例を示します。

【ⓑの例】皮肉なことに、妻を喜ばせようとして贈ったプレゼントが、妻と上司の仲を深めることになった。

心をつなごうとしたプレゼントによって、心が離れる。悲しいですね（似たような話が森鷗外『雁』に出てきます）。

本文に戻りましょう。[(3)]の前後を抜き出します。

---

⑬ 近代化による経済成長は、豊かな生活を約束していたはずだった。ところが、「人新世」の環境危機によって明らかになりつつあるのは、[(3)]、まさに経済成長が、人類の繁栄の基盤を切り崩しつつあるという事実である。

「豊かな生活」のためだったはずの経済成長が、「人類の繁栄を崩す」わけですから、「皮肉」の「ⓑ」の意味がぴったりですね。①が正解です。

問四 脱文挿入問題です。指示語（「これ・それ／ここ・そこ／この・その／こう・そう／こんな・そんな」など）には、文と文をつなぐ働きがあります。

【例1】あれこれ忙しくしているうちに過ぎていくもの。
それが人生なんだ。（つなぐ）

【例2】あなたが誕生したとき、あなたは泣いて、世界は喜んだ。あなたが死ぬときは、あなたが笑顔で、世界が涙を流す。
＝つなぐ
そんな人生を送りなさい。

【例1】は、ジョン・レノンの名言、【例2】はネイティブアメリカンに伝わる言葉です。いずれも、指示語によって前後の文がつながっています。

さて、**脱文挿入問題は、文と文のつながりを考える問題なので、指示語が重要なヒントになります。**今回も脱文中の「そう」という指示語に注目し、「闇雲に声を上げる」と対応する表現を探すことで、次のような「つながり」を見つけられます。

15 だからより良い未来を選択するためには、市民の一人ひとりが当事者として立ち上がり、声を上げ、行動しなければならないのだ。
【脱文】そうはいっても、ただ闇雲に声を上げるだけでは貴重な時間を浪費してしまう。正しい方向を目指すのが肝腎となる。
16 この正しい方向を突き止めるためには、気候危機の原因にまでさかのぼる必要がある。

さらに、16冒頭の「この（正しい方向）」によって、脱文と16もきれいにつながります。脱文はこの位置（15の末尾）に入ります。

以上で本講の解説は終わりです。「資本主義には問題がある」という文章は入試でもよく出てくるのですが、「資本主義に問題がある」と語っている筆者自身が、資本主義を変えられるとは思っておらず、「ファッションで（＝かっこつけて）」語っているだけに見えるものも少なくありません（僕自身「予備校講師」という資本主義と切り離せないような仕事をしていますから、あまり偉そうなことは言えません）。そんな中、「人新世の『資本論』」からは、著者の〝本気〟がひしひしと伝わってきたので、問題としてとりあげました。ぜひ読んでもらいたい一冊です。

【解答欄】

問一（8点）	問二（各3点）	問三（3点）	問四（3点）
③	③・④	①	15

❸ 生徒からの質問コーナー

【Q3】本文を読まなくても解ける技があると聞いたのですが……。

輿水　そんな技はありません。

西原　ありませんね。あれば素敵ですが、ありません。

輿水　夏のスイカ割りじゃあるまいし、わざわざ目をつむって問題を解くようなギャンブルにうって出るくらいだったら、きちんと目を開けて、本文からヒントをもらって解くほうがよほど簡単です。

西原　そうですね。僕は現代文講師となって20年近くになりますが、「読まなくても解ける」という〝噂話〟を聞いたことはあっても、実際に解けた人を見たことがありません。僕の目の前で見せてくれれば信じますが、残念ながら、そんなスゴ技は存在しないのでしょう。

輿水　大学側からしても、「読めないけど解ける人」が合格しちゃったら、困っちゃうんじゃないかな。大学での勉強って本や論文を読んで、レポートを書いて、っていうのがメインだからね。受験は大学で学ぶ学力があるかどうかを問うものだということを忘れちゃだめだと思うな……。

西原　あと、「読まなくても解ける」とまでは言わなくとも、傍線の前後しか見ていない人もいますよね。もちろん、傍線近くの情報は大切ですが、そこだけ読んでも解けない問題はたくさんあります。

輿水　「読むのが遅い」っていうのもあるのかもしれないけど、結局、本文をちゃんと読んでちゃんと理解することができれば、制限時間内に解くことはできるわけで。「解くのに時間がかかる」という人の大半は、「読むのが遅い」というよりも、ちゃんと読んで本文を理解できていないから、「解くのが遅い」んだと思う。選択肢を選ぶときに迷ってしまったり、記述解答を作るときに手が止まってしまったりして。「ちゃんと読んで速く解く」が、制限時間内に合格点を取るためには必要だと思います。楽な道に逃げないで、自分の読解力を上げる努力をしてほしい。読解力って、大学受験に限ったことじゃないからね。一生モノの力を身につけるつもりで本書に取り組んでほしいと思います。

西原　大学受験が終わっても、「文章を読む」ことは終わりませんし、「他者の考えをきちんと理解する力」が要らなくなる日は一生訪れないでしょう。「他者の考え」という完璧にはわかり得ないものを、少しでもわかろうとして踏み込んでいく。本書を通して、そんな経験を積んでもらいたいと思います。

第5講

解説

Answer

『子供の領分』

（吉行淳之介）

〔解説：西原剛〕

ジャンル	字数	問題頁
小説	1726字	P.51

◆頼りない生牡蠣のような感受性

Aの使い古しの手袋をAの祖母から与えられたBは、新しい手袋を嵌《は》めているAを見て、何を思っただろう。Aの祖母に笑顔を向けたBは、その笑顔の裏でどんな気持ちだったのだろう。子供は鋭敏で、繊細だ。「大人になる」ということは、その感受性を鈍らせることではないかと思えてしまう（茨木《いばらぎ》のり子の詩「汲む―Y・Yに―」が想起される）。この作品を書いた吉行淳之介《よしゆきじゅんのすけ》は、きっと子供のような感受性、茨木のり子のいう「頼りない生牡蠣のような感受性」を、大人になっても失わなかったのだろう。君はこの小説を読み、なにを思っただろうか。西原先生のきめ細かな読みを「脳内活動」で確認してほしい。（輿水）

❶ 全文解釈

やがて冬になった。（季節は冬）

ある日、積雪があった。

AとBは、雪だるまをつくった。二人とも、手袋を嵌《は》めて、雪の球をころがしていた。

その様子を、Aの祖母が窓から首を出して眺めていた。その祖母に気づくと、Bは手袋を嵌めた手を差し示して、笑顔をつくった。❶

祖母がAをさし招いた。そして、小声で言った。

「あの子は、可愛いところのある子だね。去年あげた手袋を、今年もちゃんとはめているよ」

そこで、Aははじめて(ア)Bの仕種の意味❷が分った。前の年の冬、やはり雪の積った日、AとBは雪だるまを作っていた。Aは手袋を嵌めていたが、Bの素手は赤く腫れて、霜焼けていた。❸祖母がそれをみて、Bに手袋を贈った。新しい手袋ではなく、Aの嵌めている手袋をBに渡し、Aには新しい手袋を与えてくれたのである。❹

そして、一年経った積雪の日、窓から覗《のぞ》いていた祖母を喜ばしたBの仕種は、

「貰った手袋は大切に取っておいて、今年もはめていますよ」

というものだった。❺

あらためて、AはBの笑顔を眺めた。「Bが喜んでいてくれる」というよろこばしさと、「Bに恩恵を施した」という気持とが、（上から目線だな）Aの心の中で混じり合って動いた。しかし、そのとき心で動いたものは、(イ)その二つの感情だけではないように（どんな感情だろう）Aにはおもえた。それが何か、

✔脳内活動・重要語彙

❶ こんな感じかな。

❷ 「手袋を嵌めた手を差し示して、笑顔をつくった」ことの意味……。なんだろう？

❸ Bは手袋を持っていなかったのか。

❹ Aには新しいものを買い、BにはAのお古をあげたってことか……。自分がBだったら、ちょっと複雑な気持ちになるけど……。

❺ これが「Bの仕種の意味」だな 問一
Aのお古を使い続けているってことは、Bの家はあまり裕福ではないのかな……。

たしかめようと考えながらBの笑顔に相変わらず眼を向けていると、Bの顔が笑顔のままかすかに強張《こわば》ったようにおもえた。❻

その瞬間、Bが言った。

「Aちゃん、屋根に登ろうよ。雪の積った屋根って、きっと面白いぜ」

その言葉に、むしろ救われた気持になり、❼Aはいそいで屋根に登った。

(ウ)雪は降りやんで薄陽が射しており、平屋建の家屋の屋根は銀いろに光る斜面になっていた。AとBは、屋根の二つの斜面が交わる稜線に跨がって、あたりの雪景色を眺めまわした。❽

二人の少年の視線は、遠くの方からしだいに近くに移り、やがて自分たちの足もとに戻ってきた。❾

「いいスロープができているなあ」

Bは銀色の斜面に眼を落して、

「ちょっと、滑ってみようか」

と言い、はやくも軀《からだ》の位置を動かしはじめた。

「あぶないよ」

Aが言ったときには、すでにBは立上って、足もとにひろがっている白い勾配《こうばい》に眼を落していた。幾分ふざけ気味にスキーをしている姿勢を取った瞬間、腰がくだけて尻もちをつき、そのまま斜面をずるずると滑り落ちて行った。そして、腰をおとした姿勢のままその軀が軒から飛び出し、あっけなく消え失せた。

❻ Bの笑顔は、本当の笑顔ではない？

❼ 裏返せば、それまでは気まずかった？

❽ こんな感じかな。

❾ 読者に、あたり一面の雪景色をイメージさせてから、近くの光景に戻ってくる。空間的な広がりのある上手い描写だな。

「わあ――」

Bの叫び声が空間に残り、⑩そのまま静かになってしまった。⑪平たく綺麗に降り積った屋根の雪の上に、Bの滑った尻の跡が、真一文字に幅広く残っている。

「おーい――」

Aは大声で呼び、おもわず立上ったが、よろめいてすぐに屋根の棱線の上に腰をおとした。⑫しばらく、雪に覆われた風物*と白い屋根のひろがりの中に、すべての音が吸い取られしまう時間があった。（しばしの静寂……）

すると、屋根のすぐ傍の塀の上に、ひょっくりBの頭が浮び上ってきた。健康な色で赤く盛り上った頬の上に、笑っている細い眼があった。⑬

「はっはっは、失敗、失敗」

機嫌よくBは言い、塀から屋根に移ってきた。

「だいじょうぶかあ」

「だいじょうぶさ。下もいっぱい雪が積っていてね、ふとん綿の上にストンと落ちたみたいなものだった」

Bの頬の赤さは、寒気のためばかりでなく、愉快な冒険をした昂奮《こうふん》の色のように、Aの眼に映った。Bが無事だったことに、Aは安堵し、Bの愉快さがそのまま素直にAに伝わってきた。

「はっは、びっくりしたよ。だけど、さっきの君の恰好は、なかなか傑作だったよ」

海水浴場の飛込台の上に、背筋を伸ばして立つ。周囲の眼を意識して、ゆっくりと両手

---

⑩ 声だけが空間に残る……。上手い表現だな。

⑪ 叫び声との対比で、静けさが引き立つ。

⑫ AはBより臆病なのかもしれない。

＊ **風物《ふうぶつ》**…眺めとして目に入るもの。風景。

⑬ 白い静寂の中に、赤い笑顔が表れる。このあたりの表現も上手だな。

を前に水平に挙げる。颯爽としたダイビング、とおもった瞬間、空間に投げ出したその男の手足がばらばらになり、尻から海面にストンと落ちる。そのような光景をAは連想し、そういうBに、Aは暖い友情を持った。

その滑稽な恰好は、Bが勇者であることを傷つけてはいない。かえって、「Bは冒険のできる男だ」ということが、反撥することなくAの心に収まるのに役立つ。⑭

AとBとは、あらためて腹の底から笑い合い、雪の積った屋根の上で、二人の少年の関係はこの上なく滑らかであり、陽に照らされて銀色に輝いていた。⑮

⑭ Bが滑ったときの恰好が「滑稽」だったので、「Bは冒険のできる男だ」ということを素直に受け入れられた。裏返せば、Bがかっこよく滑っていたら、「Bは冒険のできる男だ」ということを素直に受け入れられなかった、ということ。AのBに対する屈折した意識がよく出てるな。友達なんだけれど、自分の方が優位でいたい……。

⑮ こんな感じかな。

❷ 解答・解説

問一　傍線部(ア)「Bの仕種の意味」を考える問題です。「Bの仕種」という言葉に注目すると次のように整理できます。

《祖母に気づくと、Bは手袋を嵌めた手を差し示して、笑顔をつくった。》

Aははじめて(ア)《Bの仕種》の意味が分った。

祖母を喜ばした《Bの仕種》は、「貰った手袋は大切に取っておいて、今年も嵌めていますよ」というものだった。

右のとおり、「昨年貰った手袋を今年も嵌めていることをAの祖母に示す」のが、Bの仕種の意味です。祖母への感謝を表明しているわけですね。正解は④「昨年貰った手袋を使い続けていることを示し、感謝を表している」です。

①「屋外で雪遊びを続けるには、手袋が欠かせないことを示している」では、Aの祖母への感謝の意味が含まれません（Aの祖母には長い人生経験がありますから、雪遊びに手袋が必要なことくらい、Bに言われなくてもわかっていることでしょう）。

②「まだ使えることに驚いている」が誤りです。手袋の耐久性に驚いているなら、手袋をじっと見つめるはずです。設問では、「手袋を嵌めた手を祖母に指し示して、笑顔をつくった」ことの意味（＝祖母への感謝）が問われています。

③「自慢しよう」とありますが、そもそもAの祖母からもらったものなので、自慢にならないですね。

⑤は、「もう一度手袋を貰いたい」とあります（欲が深い……）が、Bは「貰った手袋は大切に取って」いることを示したいわけですから誤りです。

問二　問三の解説を読んだ後の方が理解しやすいと思いますので、まずはそちらを読んでください。

（読んでくれたと信じて）問二の解説に入りましょう。傍線部(イ)の前後を抜き出します。

> ⓐ「Bが喜んでいてくれる」というよろこばしさと、ⓑ「Bに恩恵を施した」という気持ちとが、Aの心の中で混じり合って動いた。しかし、そのとき心で動いたものは、(イ)その二つの感情だけではないようにAにはおもえた。

右のように、傍線部(イ)「その二つの感情」とは、ⓐ・ⓑを指します。

ⓐ「Bが喜んでいてくれる」というよろこばしさ
＝選択肢③　Bが喜んでくれたことを素直にうれしく思っている。

ⓑ「Bに恩恵を施した」という気持ち
＝選択肢④　Bに恩恵を施してあげたという優越感に浸っている。

問二は「二つの感情以外の感情」を説明する設問なので、③・④は選べません。

ほかの選択肢を検討しましょう。①「祖母に気を遣って生活」とありますが、Aの祖母に気を遣ってわざわざ手袋を見せていたのはB君です。A君が祖母に気を遣っている描写はありません。①も選べませんね。

②「二人の友情は今後も長続きするだろうと感じている」はどうでしょうか。後の一文を抜き出します。

> そのとき心で動いたものは、(イ)その二つの感情だけではないようにAにはおもえた。それが何か、たしかめようと考えながらBの笑顔に相変わらず眼を向けていると、Bの顔が笑顔のままかすかに強張《こわば》ったようにおもえた。

「強張ったようにおもえた」とありますので、A君は「二人の友情は今後も長続きする」と楽観的に考えているのではなさそうです（B君の笑顔を疑っているからこそ、強張ったように見えたのでしょう）。

以上のように、①～④は選べませんから、⑤「**Bが気を遣い媚びた態度をとっていると疑っている**」が正解です。

さて、今の段階では「①～④が×なので、⑤が正解」で構いませんが、ここでは少し深入りして、⑤が正解といえる

5

根拠を探してみましょう。

僕は次のように考えました。

> ❶ Bは手袋を持っておらず、Aのお古を貰っている（おそらく貧乏だから）。
>
> ❷ この場面のあと、「Aちゃん、屋根に登ろうよ。雪の積った屋根って、きっと面白いぜ」というBの言葉に、Aは「救われた気持ち」になっている。裏返せば、（救われる前の）この場面では、Aは何らかの気まずさを感じているはずだ。
>
> ❸ 問三の解説で指摘したように、傍線部(ウ)「雪は降りやんで薄陽が射しており」は、「二人の関係がここから滑らかになっていく」ことをほのめかしている。裏返せば、（傍線部(ウ)より前の）この場面では、二人の関係は「ぎくしゃく」しているはずである。

このように考えると、

> B君は手袋を貰ったがゆえに、気を遣って笑顔を作っている。A君はそうしたB君の〈演技〉に気づき、疑いをもって眺めた。すると、B君の顔がかすかに強張ったようにおもえた。

という解釈が成り立ちます。A君は、友人関係がぎくしゃくしかかったところで、B君から「Aちゃん、屋根に登ろうよ。雪の積った屋根って、きっと面白いぜ」という、いかにも「友達らしい」言葉をかけてもらって「救われた」のではないでしょうか。

もちろん、こうした解釈が絶対に正しいとは言い切れませんし、作題者の解釈と一致しているという保証もありませんので、自分なりの解釈を考えた上で、本文や選択肢の内容とすり合わせていく必要があります。今回の設問に関しては、以上のような僕の解釈と、選択肢⑤が一致しています。

小説の読解指導（特に受験指導）において、よく「主観を排除して読みなさい」と言われます。これは、「文章と矛盾する解釈を勝手に行ってはいけないよ」という意味では正しい教えですが、主観をゼロにして読むことは不可能です（たとえば「雪」をいう言葉を読んだときに、雪国で育った人と、南国で育った人では思い浮かぶイメージが異なります。これは「主観」にほかなりませんが、そうした主観的イメージは読んだ瞬間に勝手に湧き上がってくるものであり、排除などできません）。

「主観を排除して読む」というのは、主観をゼロにすることではなく、**「主観的なイメージを思い浮かべつつ、本文の記述との間にズレがある場合は、自分のイメージを修正しながら読む」「自分で解釈を構築しながら、常にその妥当性、整合性を確かめながら読む」**ことだと考えてください。

問三　小説の情景描写には、特別な意味が込められていることがあります。

【例】『レベル別問題集』の執筆依頼を受けた西原と輿水は、多摩川の土手でその方向性を語り合った。二人が見上げる空には満天の星が輝いていた。

この例は完全にフィクション（つくり話）ですが、「満天の星」には「二人の明るい気持ち」「良質な問題集を作り上げることへの意気込み」「印税生活への期待感」が表れています。**筆者が同様の表現を繰り返すなど、情景描写にこだわっていると感じられるときには、その意味を考えてください。**

傍線部(ウ)「薄陽」の描写ですが、本文の最後で再び「陽」が出てきます（「二人の少年の関係はこの上なく滑らかであり、陽に照らされて銀色に輝いていた」とあります）。このように、同様の表現が繰り返されている場合は、特に注意してその意味を考えましょう。

最後の場面で、二人は「腹の底から笑い合い」「関係はこの上なく滑らか」になっていますが、そうした友情の美しさと、「陽に照らされて銀色に輝く」という情景描写が上手く重なり合っているといえるのではないでしょうか。そこから考えると、傍線部(ウ)「雪は降りやんで薄陽が射しており」というのは、これから二人の関係性が滑らかなものに変わっていくことをほのめかした表現といえそうです。

整理すると、次のようになります。

【傍線部】「雪は降りやんで薄陽が射しており」
→「これから滑らかな関係になっていく」ことをほのめかす。
【最　後】「陽に照らされて銀色に輝いていた」
→「AとBの滑らかな友人関係」を表す。

正解は、①「AとBのぎくしゃくした関係が改善されていくことを示唆する働き」です。

②「（AとBの友人関係が）Bの言葉によって崩れていく」、④「（AとBの微妙な関係性が）祖母の言葉で修復される結末」とありますが、本文中でそのような出来事は起きていません。③「不安定な関係性が、永遠に続いていく」、⑤「友情が次第に失われてしまう」とありますが、本文最後の「陽」の描写を読む限り、「陽」は肯定的なイメージで描かれているので、誤りです。

【解答欄】

問一（4点）	問二（8点）	問三（8点）
④	⑤	①

第6講

解説
Answer

『戦後精神の経験Ⅱ』（藤田省三）

〔解説：輿水淳一〕

ジャンル	字数	問題頁
評論	1051字	P.57

◆「同質性の高さ」は是か非か

今回は「キュリオシティの有無」という観点で、日本社会と西洋社会を対比的に説明した文章でした。「（日本人には）自分以外のものを知ろうとする意欲が欠けている」、「他者を日常的にノイローゼにして自らを慰《なぐさ》めているのが、同質性だけを好む日本社会」等々、手厳しいですね。筆者は日本社会を否定的に捉えていますが、長所と短所は表裏一体です。「同質性の高さ」が肯定的に作用することもあるでしょう。いずれにせよ、社会の「いいとこどり」はできません。過度に美化したり、卑下したりせず、日本社会の特徴を自覚することが大切です。それでは、輿水先生の解説に入りましょう。（西原）

❶ 全文解釈

1 ※1日本社会は、圧倒的に同質性が強く、同質なるものを好み、異質なるものを毛嫌いする。❶これが、日本人が隣人や少数者や自然の破壊を簡単にやってしまう根本動機のひとつです。❷異質なるもの、他者なるものを毛嫌いするということは、自分以外のものを知ろうとする意欲が欠けているということです。❸

2 好奇心というのは、そもそも違うものに好奇心をもつのであって、自分に好奇心をもつなどということはありえない。❹ロナルド・ドーアさんは「日本語にない、したがって日本人の中にないものはキュリオシティである」❺といったことがある。普通「キュリオシティ」は「好奇心」と訳していますけれど、もちろん「好奇心」という日本語を知らないドーアさんではないから、この訳語（「好奇心」という訳語）に異論を唱えているわけです。❻好奇心というのは、ごく珍しいもの、たとえば見世物小屋《みせものごや》にたかるようなものをいう。「キュリオシティ」は違うのだというのです。❼

3 それ（それ＝キュリオシティ）は※2まず無償《むしょう》のものである。❽それ（それ＝キュリオシティ）は自分と違ったものに対して興味をもつということであって、それ（それ＝興味を持つこと）への報酬《ほうしゅう》を期待してはだめなんです。日本人は報酬を期待する、つまりすべてのものを商品として扱う。それは「キュリオシティ」には反します。❾

4 もうひとつは、自分と違うものに対する愛情だ、❿というのです。そういうものが⓫「キュリオシティ」の特徴で、自己愛の社会である日本にはない、⓬といわれたドーアさんの洞察*は、非常に鋭いと思って私は感心した（筆者はドーアさんと同意見なんだな）のです。

5 日本にはペットブームはあるけれど、動物に対するほんとうの（お、具体例だ！）愛はない。⓭ペットは会社

✔ 脳内活動・重要語彙

※1「日本社会は」の「は」（P55補足説明参照）

❶ 自分と似ているものを好み、そうでないものを排除する……。たしかに日本社会にはそういうところがある。

❷ ということは、この文章では、「同質性が強い」ことは「良くないこと（マイナス）」なんだな。

❸ 日本社会＝異質なるものを毛嫌いする＝「自分以外のものを知ろうとする意欲」が欠けている。

❹ いまいちよくわからないな。とりあえずもう少し読んでみよう。

❺ 日本人の中にないもの＝キュリオシティ＝「自分以外のものを知ろうとする意欲」かな？

❻ キュリオシティの訳語は好奇心ではないとドーアさんは考えている。

❼「キュリオシティ」は「好奇心」とどう違うんだろう？

※2 まず（P55補足説明参照）

6

への献身《けんしん》と同じく、自分が独立して居《お》れないものだから、自分の分身のように仕込んで、それを撫《な》でているので、自分を撫でているのと同じなんです。自由なる状態にした動物を愛する、家畜化されない野生の動物をこそ愛する、そう努力することによって人間社会への反省的自覚が生れる、という風に生きる人は日本には多くはいない。

（それ＝自分の分身のように仕込んだペット）

動物は敏感ですから飼われた瞬間に萎縮《いしゅく》して、ノイローゼになる。ペットというのはノイローゼが日常化した状態なんです。⓮他者を日常的にノイローゼにして自らを慰《なぐさ》めているのが、同質性だけを好む日本社会の状況でしょう。

（具体例はここまでかな）

〈本文 P56 へ続く〉

ページ	重要表現（語彙）	補足説明
54	※1「日本社会は」の「は」	「は」は〈区別〉の意味を持つ助詞。たとえば「はじめは楽しかった」という表現は、「途中からは楽しくなかった」という意味を暗に示す。「は」の対義語は「も」。
54	※2 まず	まず・次に、一つは・もう一つは、第一に・第二に、などの「物事を順序立てて述べる言葉」には印をつけるなどして注意を払おう。

❽ キュリオシティの特徴きた！「まず」ということはほかにもあるな！

❾ よくわからないけど、とにかくこの段落で言いたいことは、「見返りを求めずに自分と違ったものに興味をもつことがキュリオシティだ」ってことだろう。

❿ これがキュリオシティの特徴②だな。

⓫ ①無償のもの。②自分と違うものに対する愛情。

⓬ 「同質なものだけ愛して異質なものを排除する日本社会にはキュリオシティがない」という日本社会批判だな。

＊ **洞察**…物事の本質を見抜くこと。

⓭ ペット＝自分の分身→愛する
↔
動物＝自分とは異質なもの→愛さない

⓮ そんな風に考えたことなかったな。でも子どもを自分の思いどおりにしようとする親とか、生徒を自分のいいなりにしようとする先生とかって考えるとわかる気がする……。気を付けよう……。

6

7 そこには排除だけがあって、キュリオシティ――つまり無償性と自分と違うものに対する愛情、⑮自分と違うものの独立性を心底から承認して、そのうえで、そのものについて知りたいという感覚ですが、それがありません。⑯他者を他者として愛するということは、逆に言えば、自分の限界を知りたいということで、そこで自己批判の精神とつながるわけです。⑰

そこ＝同質性だけを好む日本社会

逆に言えば＝違う見方をすれば

⑮ この読点（、）は「同格の読点」。「つまり」や「すなわち」と同じく前後をイコール（＝）で結ぶ。

⑯ 日本にはキュリオシティがない。何度も繰り返されているな。

⑰ この一文は難しいな。立ち止まって考えよう。

他者を他者として愛す（キュリオシティ）
＝逆にいえば
自分の限界を知りたい
↓つながる
自己批判の精神

自分と同質なものに囲まれていては自分にないものに気づけない。その意味で、自分と異質なものを知ろうとすること（キュリオシティ）は、自分にないもの、自分にできないことを知りたいという気持ちとワンセットなんだな。そして自分にないものを知ることで、自己批判の精神が生まれる。ということは、キュリオシティの感覚がない日本には、自己批判の精神が生まれない、ということか。

2 解答・解説

今回は日本社会を批判的に捉える文章でした。みなさんはどれくらい理解できましたか？　一文一文の理解については、「自分が読みながら考えたこと」と、54〜56ページの《全文解釈》とを比べてみてください。もちろん、それが必ずしも同じものである必要はありません。「現代文の先生って文章を読みながら結構色々なことを考えているな」くらいに感じてくれればまずはオッケーです。そして、少しずつ、その真似をしてください。一文一文しっかりと理解しながら読むクセを、これから身につけていきましょう。

文章全体についての理解はどうでしょう？　ためしに、本文を見返さずに、文章全体の流れを口に出してみましょう。頭の中で言うだけでも構いません。だいたいで結構です。……言えましたか？　もしきれいさっぱり忘れてしまって、何も思い出せなかったという人は、形式段落（文頭を一字下げたところから改行までのひとまとまりのこと）ごとに、あるいはもっと大きく意味段落（だいたい同じ内容を述べているいくつかの形式段落をまとめたもの）ごとに、一言メモ、簡単なまとめのようなものを書きながら読んでいくことをお勧めします。ちょっと時間はかかるけれど、だいぶ力がつくはずです。では、形式段落ごとに、ざっくりとどんな話をしていたかを見ていきましょう。赤色マーカーが引いてありますが、とりあえずは気にせずに。

1 同質なるものを好み、異質なるものを排除する日本社会には、自分以外のものを知ろうとする意欲が欠けている。

2 ロナルド・ドーアさんによると、日本人の中にないものはキュリオシティで、キュリオシティは好奇心とは違うという。

3 キュリオシティとは、まず無償のものである。

4 もうひとつは、自分と違うものに対する愛情である。自己愛の日本社会にはキュリオシティがない、というドーアさんの洞察は非常に鋭い。

5・6（日本社会にはキュリオシティがないということの具体例）

7 日本社会には排除だけがあってキュリオシティがない。他者を他者として愛するキュリオシティは、自己批判の精神とつながる。

どうでしょうか。「文章全体の流れ」はおおよそこのような感じになるかと思います。マーカーが引かれている部分は、同じ内容を述べているところです。こうしてみると、この文章は、全体を通じて同じことを何度も繰り返している文章であるということがわかりますね。そして、その繰り返されている内容、すなわち「日本社会にはキュリオシティがない」ということが、この文章の主張（一番述べたいこと）であるということができます。☞【問二】

また、対比（⊖↕⊕）に注目すると、次の図のように整理することができます。本文中に「西洋社会」や「ヨーロッパ社会」という言葉は直接には出てきませんが、「日本にはキュリオシティがない」と述べているのは、イギリス人のドーアさんですから、ここは日本と西洋の対比だと捉えて構わないでしょう。

日本社会 ⊖	西洋社会 ⊕
同質性の強い社会	同質性の弱い社会
↓	↓
キュリオシティがない	キュリオシティがある
↓	↓
自己批判の精神なし	自己批判の精神あり

では下ごしらえはこれくらいにして、それぞれの設問を見ていきましょう。

問一　筆者は「キュリオシティ」とは本来どのようなものであると述べているか、ということが聞かれています。選択肢を見る前に、まず本文に戻って「正解のイメージ」を作りましょう。3と4にキュリオシティの特徴が二つ述べられています。

> ❶無償のもの。
> ❷自分と違うものに対する愛情。

同じ内容は7にも述べられています。それらを確認して、頭の中に「正解のイメージ」を持てたら、選択肢を見にいきます。**頭の中の「正解のイメージ」と、それぞれの選択肢を見比べて、一番「正解のイメージ」に近いものを選ぶ感覚です。**

①は「共通する長所を認める」が×。「自分と違うものを愛する」です。②は「キュリオシティ」ではなく「好奇心」の説明になっています。2に「好奇心というのは、ごく珍しいもの（たとえば見世物小屋）にたかるようなものをいう」とあります。③は「正解のイメージ」と矛盾しません。④の「動物愛護」というのは、あくまで具体例にすぎ

ません。「自分とは違う他者（たとえば動物）への愛」がキュリオシティです。⑤「他人を自分と等身大のものとして理解する」というのは結局、「他人を自分と同じものと見なす」ということであり、他者を他者として愛するキュリオシティとは異なります。ちなみに⑤の「他人」という言葉も×です。本文では「他人」ではなく「他者」、「自分と違うもの」となっています。「他者」は「自分以外のすべてのもの」であり、「他人」では狭すぎます。

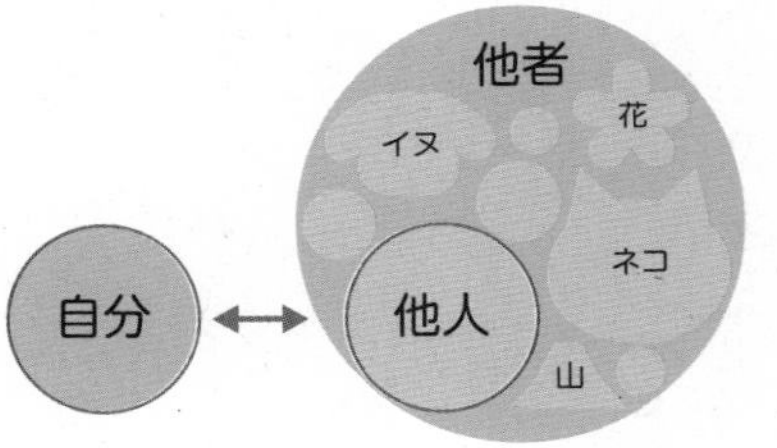

問二　この文章の主張を聞いている問題です。「文章全体の流れ」のところで確認したとおり、この文章の主張は「日本社会にはキュリオシティがない」ということなので、正解は②。

①は後半が逆です。正しくは「キュリオシティはないが、好奇心はある」です。③は5に述べられている内容ですが、主張ではなく、主張の具体例の一つにすぎません。④は逆です。日本社会は、他者を他者として愛することがないのです。

で、自己批判の精神が育たないのです。⑤はキュリオシティの説明としては正しいですが、それだけでは主張とはいえません。

②が正解であることについて、もう少し説明を。2の二文目にある「日本語にない、したがって日本人の中にないものはキュリオシティである」というドーアさんの言葉、少し不思議な感じがしませんか？

> 日本にはキュリオシティの精神がない
> ← **だから**
> キュリオシティという言葉がない

ではなく

> キュリオシティという言葉がない
> ← **だから**
> 日本にはキュリオシティの精神がない

と言っているのです。「はじめに言葉ありき」です。ということは、キュリオシティは英語の表現ですから、英語話者にはキュリオシティの精神があるということになります。こう考えると、「好奇心」という言葉が日本語にある以上、日本人の中には好奇心がある、ということになるでしょう。そのように理解することができれば、はっきりと選択肢②が正解だとわかります。

ちなみに、「もったいない」という言葉は英語にはないので、英語話者は「もったいない」という価値観を持っていない、と聞いたことがありますが、これも同じ話です。

問三　それぞれの選択肢が筆者の考えに合っているものか、否かを問うています。一つずつ確認していきましょう。

①は、キュリオシティの説明が間違っています。キュリオシティとは、「私は私、あなたはあなたと割り切ってしまう」ものではないはずです。また、本文で肯定的に述べられていたキュリオシティを、否定的に述べているのもおかしい。B。

②の前半の「自分以外の他者を正しく知ろうとする努力」というのはキュリオシティのことでしょう。また後半の「自分を突き放して客観的に眺める」というのは自己批判の精神と言い換えることができます。つまり②は「キュリオシティは自己批判の精神に通ずる」ということであり、本文の最終文に合致します。A。ちなみに「自分を突き放して客観的に眺める」というのは、「自分を突き飛ばす」ということではなく、自己を対象化するということ、つまり、自分を外から冷静に観察するということです。自分とは違う存在（他者）を知ることで、自分を外から客観視することができ、そこではじめて自分の足りないところや、良くないところが見えてくるのでしょうね。

③の前半「自分以外のものの独立した存在を認める精神」とはキュリオシティのこと。キュリオシティはヨーロッパにはありますが、日本にはないので、後半部分は誤りです。B。

④は、日本社会は同質性が高い社会だからうまくいっている、という内容ですが、本文では「同質性の高さ」は良くないこと（マイナス）だったはずです。日本は同質性が高い社会だから異質なものを排除してしまうのです。B。

⑤の「自己と他者との区別を見失う」という表現は本文中にありませんが、「同質性を尊重しすぎる」ということは「違いを大切にしない」ということですから、「同質性を尊重しすぎて自己と他者との区別を見失う」は、筆者の考え

方と合っているといえます。そしてその結果、「異質なものを排除してしまう危険性がある」ということも、筆者の考え方に沿った内容といえるでしょう。A。

問四　本文の内容を１００字以内でまとめる問題です。本文は約１０００字なので、だいたい十分の一くらいの長さにまとめなければなりません。言い換えれば九割は切り捨てる部分になるわけですが、どこを拾って、どこを切り捨てれば良いのか。そのためには、優先順位を考えなければなりません。一番大切なのは、その文章を通して筆者が一番言いたいこと（主張）です。今回の文章でいえば「日本社会にはキュリオシティがない」という部分です。この部分に肉付けをしていきます。なぜ日本社会にはキュリオシティがないのか（同質性が高いから）、キュリオシティとは何か（自分とは違うものに対する無償の愛情）、キュリオシティがあるとどうなるのか、あるいは、キュリオシティがないとどうなるのか（自己批判の精神につながる／つながらない）。要約は、はじめは大変ですが、続けていくと、文章の流れ（全体構造）が見えるようになったり、大事なところとそうでないところの見分けができるようになったり、破綻《はたん》のない日本語を構成する記述力がついたりと、たくさんの見返りがあるトレーニング方法です。ぜひトライしてみましょう。

解答例を二つ挙げておきます。どちらのパターンでも構いません。自分が作った解答と比べてみてください。

【解答例１】
同質なるものを好み異質なるものを嫌う自己愛の日本社会には、排除だけがありキュリオシティがない。キュリオシティとは自分と違うものに対する無償の愛情であり、自己批判の精神につながるものである。（94字）

【解答例２】
日本社会は同質性が強く、キュリオシティがないため、異質なものを排除する。キュリオシティとは無償のもので、自分と違うものに対する愛情のことである。キュリオシティのない日本では、自己批判の精神は育たない。（１００字）

【解答欄】

問一（10点） ③

問二（10点） ②

問三（各6点） ① B ② A ③ B ④ B ⑤ A

問四 同質なるものを好み異質なるものを嫌う自己愛の日本社会には、排除だけがありキュリオシティがない。キュリオシティとは自分と違うものに対する無償の愛情であり、自己批判の精神につながるものである。

第7講

解説
Answer

『「できる人」はどこがちがうのか』

（齋藤孝）

〔解説：輿水淳一〕

ジャンル	字数	問題頁
評論	2132字	P.63

◆「学ぶ」ことは「真似《まね》ぶ」こと

「学ぶ」と「真似《まね》ぶ」は同語源と聞いたことがあります。上手な人の真似をすることは、学びの基本なのでしょう。思えば、僕が講師人生をスタートさせた二〇代前半の頃は、「自分だけの読解指導法」にこだわり過ぎて、結果が出ませんでした。あの頃の自分に会えるなら「まず一〇年、先輩講師を真似なさい」とアドバイスしたいです。個性というのはきっと、他人を真似しても真似しても滲《にじ》みだしてしまうその人の独自性で、出そうと思って出すものではないのでしょう。文章読解でも「まねぶ」ことは大切です。まずは輿水先生の脳内活動を真似してみましょう。（西原）

❶全文解釈

[1] いつの時代も、親は子どもに成長してもらいたいと願っている。（まあ、そうだろうな）社会構造の変動が比較的少ない時代には、（たとえば江戸時代とか？）親が覚えている仕事のノウハウや心構えを、そのまま子どもに伝えれば子どもは親の[a]あとを継ぐことができた。❶ かつては※1、世代が変わっても次の世代がおよそ同じ事をすることができるようにするための「世代間伝授」が行われてきた。❷

[2] しかし、（きた！）再生産＊1（リプロダクション）を主目的として伝承を行い得た時代とは、現代は事情が異なる。❸ 情報革命を核とした世界的な社会構造変革の波の中で、❹ 親は子に、上の世代は下の世代に、「何を伝承したらよいのか」がわかりにくくなってきている。（たしかに……）❺ バブル期※2の社会的倫理[b]きはんの崩壊とその後のバブル[c]崩壊による不況の長期化によって、大人たち自身が子どもたちに対して、「伝えるべきこと」や「[d]鍛えるべきこと」に関して自信を失ってきている。

[3] （わかるなぁ）大人が確信を持って伝授・伝承すべきものを持たない社会は、当然不安定になる。❻ たとえ子どもたちの世代が、[(1)]それに反抗するにしても、そのような伝承する意志には意味がある。世によく言われる子どもの問題の多くは、「子どもたちに何を伝えるべきなのか」について大人たちが確信や共通認識を持てなくなったことに［A］している。

[4] では、この変化の激しい現代日本社会において、大人が子どもに伝えるべきものとは、何なのだろうか。❼

[5] ［B］言えば、それは、❽「[(2)]およそどのような社会に放り出されても生き抜いていける力」であろう。❾ とはいえ、現代は原始時代ではないのだから、「生きる力」は単純生物学的

✔脳内活動・重要語彙

❶ たしかに社会の変化が小さければ、仕事内容もほとんど変わらない。

❷ 「かつては〜」の後には「しかし今は〜」が来そう！

※1 かつては〜（P67補足説明参照）

＊1 **再生産**…同じものを繰り返し生産すること。「reproduction《リプロダクション》」のreは「再び」の意。restart《リスタート》（再開）やreplay《リプレイ》（再生）のreも同様。

❸ つまり、昔は同じものを作り続けることが目的だったけど、今は違うということか。

❹ インターネットによって情報化が進むと変化のスピードが速まる……。

❺ たしかに。親世代が身につけた仕事のスキルは、今の子どもたちが大人になる頃には役に立たなくなっているかもしれない。

※2 バブル期（P67補足説明参照）

❻ なぜか？→世代を超えて受け継がれていくものがない社会は、コロコロ変

な生命力だけを意味するわけではない。もちろんこの単純な生命力はあらゆる活動の基本となるものであるから、これを[e]かっせい化させる意義は大きい。それを前提とした上で、現代社会における「生きる力」とは、具体的にはどのようなものなのだろうか。⑩

6 私が考えるに、この「生きる力」とは、(3)「上達の普遍的[＊2]な論理」を経験を通じて〈技化〉しているということである。⑪ どのような社会にも仕事はある。たとえ自分が知らない仕事であっても、仕事の上達の筋道を自分で見出すことができる普遍的な力をもし持っていれば、勇気を持って新しい[f]りょういきの仕事にチャレンジしていくことができる。⑫

7 このように言うと一見[g]ちゅうしょう的なようだが、周りを見渡せばこれを技化している人間がいることに気づくのではないだろうか。私自身は、上達の論理の技化ができている人にこれまで何人も出会ってきた。その中で印象的であったのは、イラン人のピリさんという人である。⑬

8 ピリさんとは、私の自宅の近くの駅で出会った。彼の友達が探している家への道を聞かれ、案内した。一緒に歩いているうちに意気投合して、彼のアパートへ招かれ、カレーをごちそうになった。彼とは日本語と英語を交えて、会話をした。日本に来て三ヶ月程度で、しかもそれ以前に日本語は習ったことがなかったにもかかわらず、コミュニケーションを日本語で充分とることができた。（すごいな）これは私にとっては、驚異的なことであった。ピリさんは英語もまた数ヶ月程度しか学んでいないのに、英語でのコミュニケーションもある程度できた。（すごいなピリさん！）

9 彼の言語の学習の仕方は、徹底的に自学自習主義であった。テレビやラジオから言葉を

化する社会だから。

⑦ なんだろう？　ここからが本題だな！

⑧ 変化の激しい現代日本社会において、大人が子どもに伝えるべきもの。

⑨ そうか、社会の変化が激しい時代だから、ある特定の社会にのみ対応できる力ではダメなんだな。

⑩ どのようなものだろう？

＊2 **普遍**…広くいきわたっていること。また、すべてのものにあてはまること。対義語は「特殊（＝あるものにだけあてはまること）」。

⑪ どういうことだ？　この後で説明してくれるのかな？

⑫ 山登りでいえば、「ある特定の山に登る力」ではなく、「どんな山にも登れる力」を持っている、ということだな。たしかにそうであれば、新しい山にチャレンジする勇気を持てそうだ。でもその普遍的な力って具体的にはどんな能力だろう？

⑬ 「上達の普遍的な論理の技化」についての具体例だな！

7

聞き取り、それをノートにとって反復して覚えたり、積極的に日本人と話すことによってじっせん的に会話力を鍛えていた。向学心*3にあふれ、分からない日本語があるとどういう意味なのかとすぐに聞いてきた。彼は、当時流行っていたブレイクダンスをやって見せてくれた。「どこで習ったのか」と聞いたが、彼は少し驚いたように、「どこでも習っていない。うまい人がやっているのを見て、それを何度もまねて、自分で練習して覚えた」と答えた。⑭

10 彼は渋谷のレストランで仕事をしていて、そこの給料でアパートを借りて暮らしていた。彼は仕事では、わりといい給料をもらっていた。どうして仕事がそんなにできるのかと尋ねたが、答えは同じく「よく見て、まねをすればいい」ということだった。たとえばサラダを作るのなどは簡単で、一回見れば覚えてしまう。それを他の人にはできないほど速くやるようにしたので、店で評判がよくなったと言っていた。

11 イラン人が皆、このような生き抜く力を持っているわけでは、必ずしもない。来日三ヶ月のピリさんに頼っている同郷の友人も、かなりいたようだ。だよね ピリさんは何をやるに際しても、自分は上達するという確信を持っているようであった。特定の事柄についてではなく、上達一般に自信をもっていた。うまい人のやることをよく見て「技をまねて盗む」ということが、上達の大原則にすえられていた。⑮

12 うまい人のやることをよく見て、その技をまねて盗む。これが上達の大原則である。こんなことは当然だと思う人が多いかもしれない。しかし、⑯それを強い確信を持って自分のじっせんの中心に置く⑰ことができているかどうか。それが勝負の分かれ目なのである。学

*3 **向学心**…勉学に励み、自らの能力を高めようとする強い気持ちのこと。

⑭「うまい人のやることを見てまねる」。これがピリさんのすごさの秘訣か。

⑮ これが「上達の普遍的な論理」だな。

⑯「うまい人のやることをよく見て、その技をまねて盗むこと」つまり「上達の普遍的な論理」。

⑰ つまり、何をやるにしても、常にそうす

校教育をはじめ日本の教育の場の多くでは、この〈まねる（盗む）力〉は、上達の論理の大原則として明確に認知されてはいない。それどころか、日本の教育においては、上達の普遍的な論理の技化ということ自体が主題として認識されているとは言いがたい。⑱

ページ	重要表現（語彙）	補足説明
64	※1 かつては～	「かつては～」の「は」は区別の助詞。たとえば「サッカーを観るのは好き」という発言は「プレーするのは好きではない」という意味を裏に隠し持っている。「は」の対義語は「も」。
64	※2 バブル期	1986年から1990年頃にかけて、土地の値段や株価が適正な価値からかけ離れて上昇し、見せかけの好景気に沸いた時期。実体がないのに膨らんでいく様子が泡（バブル）のようだったので、こう呼ばれた。

る＝「技化」する。

⑱ たしかに学校で目指されるのは「特定の何かを上達させること」だな。それが当たり前だと思っていたけど、全く違う考え方もあるんだな。

❷ 解答・解説

まずは、文章の流れを整理しておきましょう。――できればこの先を読む前に、自分なりにざっくりと文章の内容をまとめてみてください。紙に書き出すのが面倒だったら、頭の中でブツブツつぶやくだけでもOK。

できたかな？　じゃあ、答え合わせをしてみましょう。

(1) 現代社会は（昔と違って）変化の激しい社会だ。

(2) 変化の激しい社会では、大人は、子どもに対して伝えるべきものを持ちにくい（自分の身につけてきた経験や知識が、時代の変化と共に役に立たないものになってしまいやすいから）。

(3) そのような社会において、大人が子どもに対して伝えるべきことは、「どのような社会に放り出されても生き抜いていける力」である。

(4) 「どのような社会に放り出されても生き抜いていける力」とは、「上達の普遍的な論理」を経験を通じて〈技化〉しているということである。

(5) （ピリさんの具体例から）「上達の普遍的な論理」とは、「うまい人のやることをよく見て、その技をまねて盗む」ということであり、それを「経験を通じて〈技化〉する」とは、強い確信を持ってそれを常に自分の実践の中心に置く（何をするときにでも、そのやり方を貫く）ということである。

(6) 日本の教育の場では、そのようなことがないがしろにされている（大事にされていない）。

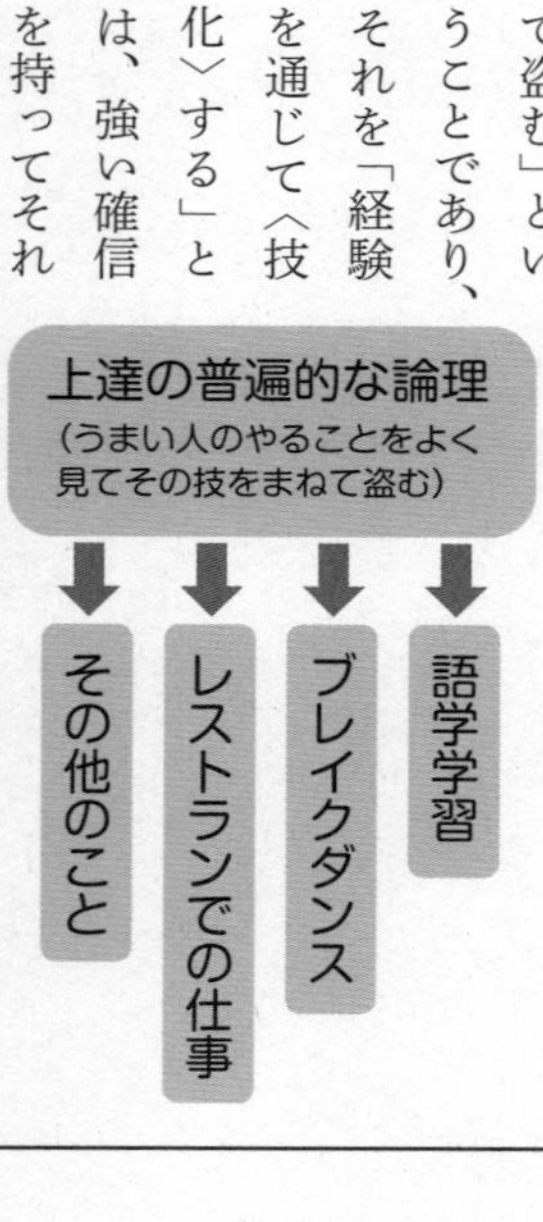

ざっとこんな流れです。文章の流れをうまく把握できなかった人は、「これはどういうことだろう？」とか「なぜだろう？」と疑問を持ちながら文章を読むクセをつけましょう。すると自然に文章内容を「追いかける意識」が生まれ、次第に文章の流れを把握することができるようになるはずです。また、勉強時間に余裕があるときは、段落ごとに「一言メモ」のような形で、その段落の要点を余白に書き込みながら読んでいくとより一層力が付くと思います。

それでは設問の解説に移りましょう。

問一　「それに反抗するにしても」は何に反抗すると言っているのか、正しい選択肢を選びなさい、という問題ですが、これは要するに「指示語問題」です。「それに反抗する」の「それ」とは何か。指示語に関しては27ページに西原先生の解説もありましたね。ここで復習をかねて指示語の基本を確認しておきましょう。

指示語の基本ルールは次の二つ。

> ❶ 指示語は（基本的には）直前の内容を指す。
> ❷ 代入したときに意味が通るか、おかしな日本語にならないかを確認する。

簡単な例文で確認しておきましょう。

> 部屋の真ん中にはテーブルがあった。
> テーブルには本が置いてあった。
> それは僕が昨夜読んでいたものだった。

「それ」が指しているのはなんでしょうか。部屋？　テーブル？　本？　どれも直前にある言葉ですが、「部屋を読む」とか「テーブルを読む」とは普通言いません。代入したときに意味が通るのは「本」しかない。違う言い方をすると、「それ」は、「僕が昨夜読んでいたもの」なのだから、「僕が昨夜読んでいたもので、直前に書かれているものはなんだろうか」と考えれば良いということになります。

同じように問一を考えてみましょう。傍線部の「それ」は、「子どもたちの世代が反抗するかもしれないもの」。指示語の直前に書かれていることの中で「子どもたちの世代が反抗するかもしれないもの」とは何かを考えます。すると傍線部の直前の文に「大人が確信を持って伝授・伝承すべきもの」という表現が見つかります。

この表現を、代入して意味が通るように少し調整すると、次のようになります。

> たとえ子どもたちの世代が、大人が伝授・伝承しようとするものに反抗するにしても、そのような伝承する意志には意味がある。

7

たとえ反抗されるとしても、伝えようとする意志には意味がある、というわけです。消去法に頼るまでもなく、答えは⑤と決まります。なるべく選択肢に頼らないで自分の頭で考え、正解のイメージを持ってから選択肢の検討に入りましょう。

問二　「およそどのような社会に放り出されても生き抜いていける力」が必要になった理由を聞いています。当然ながら、理由を聞かれているので、本文を根拠に理由を考えます。ここでも、すぐに選択肢を見るのではなく、まず自分の頭で理由を考え、正解のイメージを持つことが大事です。

まず注目したいのは、設問文の「必要になった」という表現です。「必要になった」ということは、「昔は必要ではなかった」ということ。昔は必要ではなかったが、今は必要になった。では、昔と今とでは何が違うのか。

それは[4]にあるように「変化の激しさ、変化の大きさ」でしょう。そういえば、[1]に「社会構造の変動が比較的少ない時代には～」という内容がありましたね。昔は五十年経っても百年経っても、あまり社会構造が変わらなかった。しかし、[2]にも述べられていたように、現代は事情が違います。変化が激しい。では、なぜ、変化が激しい社会だと「どのような社会に放り出されても生き抜いていける力」が必要になるのでしょうか。それは、変化が激しい社会とは、「これからどのような社会になるかの予想がつかない社会」だからでしょう。

> 【昔】変化があまりない社会　→　未来の予想ができる
> ⟷
> 【今】変化が激しい社会　→　未来の予想ができない

以上をまとめると、次のような正解のイメージができます。

> 昔と違って現代の日本社会は変化が激しく、これからどのような社会になっていくかわからないから。

ここまでくれば正解は自《おの》ずと明らかでしょう。④が正解です。

参考までに、前近代、近代、現代という三つの時代を比べたときにどのような違いがあるかを示した図をのせておきます。現代文でよく出てくるポイントなので、一応確認しておいてください。

	変化	未来予測	自由	悩み
前近代（江戸時代まで）	小	易	少	少
近代（明治〜）	↓	↓	↓	↓
現代（戦後〜）	大	難	多	多

問三　空欄に適切な言葉を入れる問題です（空欄語句補充問題）。

このような問題を正確に解くための基本は次の三つです。

> **1** 空欄を含む一文の構造をシンプルに捉えること。
> **2** 空欄を含む一文と、他の文との関係を把握すること。
> **3** 語彙力（言葉の意味と使い方を知っているかどうか）。

まず［A］から。［A］を含む一文の構造をシンプルに捉えると次のようになります。

> 〜の問題の多くは、〜を持てなくなったことに、［A］している。

そうすると、「［A］している」の部分は、「由来している」とか「原因がある」といった意味にならないといけないことがわかります。その上で、選択肢を検討してみましょう。

①包含《ほうがん》……「包み込む、含む」という意味なので×。また、「包含」は、「この政策は、多くの問題を包含している。」というように、「〜に」ではなく、「〜を包含する」という形で用いられるのでその点でも×。

②要因……「〜に要因している」とは言わないので×

③拘泥《こうでい》……「こだわる」という意味なので×

④**起因**……「〜に原因がある」という意味なので○

⑤究極……「〜に究極している」とは言わないので×

ということで正解は④です。

7

次に［B］について。

［B］の前後の関係を整理すると、

> この変化の激しい現代日本社会において、大人が子どもに伝えるべきものとは、何なのだろうか。
> ［B］言えば、
> それは、「およそどのような社会に放り出されても生き抜いていける力」であろう。

つまり、

> 「大人が子どもに伝えるべきもの」を
> ［B］言えば、
> 「およそどのような社会に放り出されても生き抜いていける力」

となります。これより、［B］言えば＝「ひとことで言えば」とか「ズバリ言うと」といった内容になるはずです。

正解はそのような意味をもつ⑤「端的《たんてき》に」です。

---

②「具体的に」についてはどうでしょうか。［B］の直後の「およそどのような社会に放り出されても生き抜いていける力」という表現では、まだ具体的にどのような力なのかわかりません。②は×です。また、④の「還元的に」についてですが、「還元」とは「～に戻す」という意味なので、「～還元的」（たとえば「要素還元的（複雑なものを単純な要素に戻して捉えるさま）」）といった表現はありますが、「～」がつかないただの「還元的」という表現は普通使いません。

問四　傍線部(3)「上達の普遍的な論理（九字）」と同じ内容の表現を二十五字～三十字以内で抜き出してくる問題です。九字の表現と同内容の三十字くらいの表現ですから、要するに、傍線部の内容を詳しく言い換えている箇所を探せば良いわけです。

「上達の普遍的な論理」を技化している人の例として、イラン人のピリさんについて述べられているところがありましたね。日本語も英語もダンスも仕事も、なんでもすぐに上達してしまうピリさん。その具体例の最後に、「上達の大原則」として、

うまい人のやることをよく見て「技をまねて盗む」ということ

という表現があります。数えてみると二十八字。しかも設問の「どういうことか」という聞き方に、ぴったりと合った表現です。ここが答えとして良さそうです。同じような内容を述べている表現は、ほかにもありますが、条件どおりの字数で、「〜こと」という表現になっているのはここだけです。

7

【解答欄】

問一（6点）	⑤
問二（10点）	④
問三（各5点）	A ④　B ⑤
問四（8点）	うまい人のやることをよく見て「技をまねて盗む」ということ
問五（各2点）	a 跡　b 規範　c ほうかい　d きた　e 活性　f 領域　g 抽象　h 実践

❸生徒からの質問コーナー

【Q4】勉強していても集中力が続かないのですが、どうしたらいいですか?

西原　頭が疲れたときは、身体を動かすのが一番です。15分程度、少し息があがる運動(軽いジョギングなど)をすると頭がすっきりします。15分が面倒な人は20秒で良いので、飛んだり跳ねたり、その場でダッシュしたり、表情筋を大いに動かして変な顔を作りながら、アグレッシブに身体を大動かしてください。血の巡りが良くなってリフレッシュできます(この方法は、せっかく教えても実践してくれる人が少ないのですが、本当にスッキリするから騙されたと思ってやってみてほしい。ほんとだから……)。

輿水　集中力が続かなくなったら、別のことをやるといいですね。西原先生が言うように身体を動かすのもいいし、ほかにも、文章問題に飽きたら漢字の勉強をするとか、国語に飽きたら英語をやるとか、とにかく別のことをやって頭を切り替える。後は、寝る。受験生のときには、自習室で勉強していて眠くなったらすぐ寝てました。二十分くらい。

西原　僕も受験生のときはよく寝ていました。コーヒーのカフェインは10分程度で効果を発揮すると聞いたので、眠気に襲われたとき、コーヒーを口に含んだ上で携帯のアラームを10分後に設定して仮眠をとっていました。眠くなったタイミングでしっかり寝ると、僅かな時間で、数時間寝たかのような「すっきり感」がありましたね。

輿水　あと、これも言っておきたいな。勉強を続けていると、「勉強体力」が付いてきます。スポーツなんかと一緒で、勉強もやればやるほど続ける体力がついてくる。最初は一時間しか続かなかった集中が、二時間、三時間と続くようになる。コツコツ続けましょう。「継続は力なり」です。それから、スマホも受験生の集中力を奪う強敵ですね。スマホを頻繁にチェックしないとソワソワしてしまう人は、要注意です。勉強をするときは、なるべくスマホを遠ざけておこう。

西原　スマホは学習の天敵ですね。『最高の体調』(鈴木祐/クロスメディア・パブリッシング)によると、たとえ電源を切っていても、視界にスマホが入っているだけで作業効率が落ちるという研究結果があるそうです。スマホを傍に置いておくだけで、成績が落ちる(可能性がある)。こんなもったいないことはないですよね。

8 Answer

解説
Answer

『イメージの心理学』（河合隼雄）

〔解説：輿水淳一〕

ジャンル	字数	問題頁
評論	2214字	P.71

◆「生き方」という問い

「近代科学の知」と「神話の知」が対比的に説明された文章でしたね。対比を通じて「近代」を相対化する（＝近代的価値観が必ずしも正しいわけではないことに気付かせる）文章は入試頻出です。「近代科学」は、「私たちは何のために生きているのか」「どう生きるべきか」を教えてはくれません。現代社会において、「どうやってお金を稼ぐか」はもちろん大切な問題ですが、その根底に生き方への問いがないと「貧しい生き方、セカセカした生き方」になってしまいます。大学受験は「生き方」について考える良いきっかけになるかもしれません。それでは、輿水先生の解説に入りましょう。（西原）

❶全文解釈

[1] 人間がこの世に生きてゆくためには、いろいろなことをしなくてはならない。自分を取り巻く環境のなかで、うまく生きてゆくためには、環境について多くのことを知り、その仕組み❶を知らねばならない。このために、❷(1)自然科学の知が大きい役割を果たす。自然科学の知を得るために、人間は自分を対象から切り離して、客体*1を観察し、そこに多くの知識を得た。❸太陽を観察して、それが灼熱《しゃくねつ》の球体であり、われわれの住んでいる地球は自転しつつ、その周りをまわっていることを知った。このような知識により、われわれは太陽の運行を説明できる。

[2] このような自然科学の知は、「自分」を環境から切り離して得たもの❹であるから、誰《だれ》に対しても(ア)フ遍的に通用する点で、大きい強みをもっている。自然科学の知はどこでも通用する。❺しかし※1、❻ここで一旦《いったん》切り離した自分を、全体のなかに入れ、自分という存在とのかかわりで考えてみるとどうなるか。❼なぜ、自分はこのような太陽の運行と関連する地球に住んでいるのか。自分は何のために生きているのか、などと考えはじめるとき、自然科学の知は役に立たない。❽それは（自然科学の知は）、出発の最初から、自分を抜きにして得たものなのだから、当然のことである。太陽の動きや、はたらきは、自分と無関係に説明できる。しかし、他《ほか》ならぬ自分という存在と、太陽とは、どうかかわるか。❾

[3] 太陽と自分とのかかわりについて、(A)(2)確たる知を持って生きている人たち❿について、ユングは彼の自伝のなかで述べている（『ユング自伝Ⅱ』）。ユングが旅をしてプエブロ・インディアンを訪ねて行ったときのことである。インディアンたちは、彼らの宗教的儀式や祈

✔脳内活動・重要語彙

❶ 自分を取り巻く環境の仕組み。

❷ 自分を取り巻く環境の仕組みを知るために。

＊1 **客体**…主体の意思や行為の対象となる事物。対義語は「主体（他に対して働きかける当のもの）」。

❸ 自分と対象とのかかわりではなく、自分を抜きにした対象それ自体についての知識を得たということ。

❹ つまり自分を抜きにして得た客観的な知。

❺ 逆に、自分の主観的な考えや思いは、特定の人にしか通用しない。

❻ 逆接の接続詞だ。ここから本題だな。

※1 しかし（p79補足説明参照）

❼ こんな感じかな？

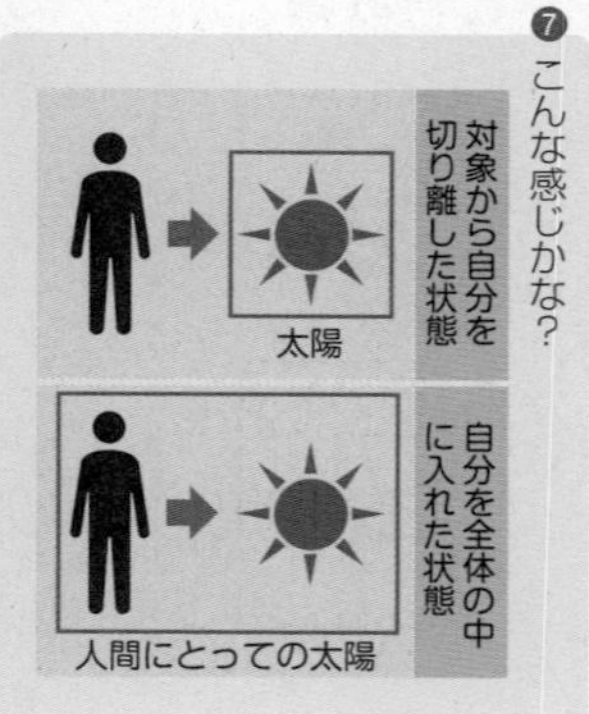

りによって、太陽が天空を運行するのを助けていると言うのである。[非科学的だな……]「われわれは世界の屋根に住んでいる人間なのだ。われわれは太陽の息子たち。そしてわれらの宗教によって、われわれは毎日、われらの父が天空を横切る手伝いをしている。それはわれわれのためばかりでなく、全世界のためなんだ」とインディアンの一人は語った。[きっと誇らしげな表情]彼らは全世界のため、太陽の息子としての勤めを果たしていると確信している。⑪これに対して、[これについて]ユングは次のように『自伝』のなかで述べている。

「そのとき、私は一人一人のインディアンにみられる、静かなたたずまいと『気品』のようなものがなにに由来するのかが分かった。それは[それ＝「気品」]太陽の息子ということから生じてくる。彼の生活が宇宙論的意味を帯びているのは、彼が父なる太陽の、つまり生命全体の保護者の、日毎《ひごと》の出没を助けているからである」

4

インディアンたちは、彼らの「(3)神話の知」[「確たる知」と同じだな]を生きることによって、ユングが羨望《せんぼう》を禁じ得ない⑫「(B)気品」をもって生きている。これに対して、[対比]近代人は何とせかせかと生きていることか。近代人は(4)豊かな科学の知と、極めて貧困な精神とをもって生きている。ここで、インディアンたちが彼らの神話の知を、太陽の運行にかかわる「説明」として提出するとき、われわれはその幼(イ)チさを笑いものにすることができる。⑬しかし、(C)それを、自分をも入れこんだ世界を、どうイメージするのかという、コスモロジーとして論じるとき、われわれは笑ってばかりは居られない。

5

自然科学の知があまりに有効なので、近代人は誤って、コスモロジー[自分をも入れこんだ世界のイメージ]をさえ(5)近代科学の知のみに頼ろうとする愚を犯してしまったのではなかろうか。自然科学の知をそのまま

8

⑧ なるほど、この文章は自然科学の「長所」ではなく、「短所」について述べる文章か。

⑨ 自然科学は、自分を抜きにした世界を説明することはできるが、自分と世界とのかかわりを説明することはできない。これが自然科学の短所か。

⑩ 太陽と自分とのかかわりについての知だから、「科学の知」と対比される知だ。「自然科学の知」がマイナスだとしたら、こちらはプラスだな。

⑪ これが「確たる知」か。科学的な知識を持っている身からすると、ちょっと受け入れがたいけれど、でもこれは「科学の知」と違って、自分と世界（太陽）とのかかわりを教えてくれる知ではあるな。

⑫ 羨《うらや》ましく思う気持ちを抑えきれない。

⑬ なぜか？→「神話の知」は「科学の知」と比べると、「説明」としては幼稚なものに見えるから。

自分に「適用」してコスモロジーをつくるなら、自分の(ウ)ヒ小さ、というよりは存在価値の無さに気落ちさせられるであろう。自分がいったい何をしたのか「計量可能」なものによって測定してみる。相当なことをしたと思う人でも、宇宙の広さに比べると無に等しいことを知るだろう。特に、死のことを考えると、⑭それはますます無意味さを増してくる。

6 このあたりのことにうすうす気づいてくると、自分の存在価値を見出《みいだ》すために、安易な「神話」⑮でもつくり出すより仕方がなくなって、「若いときには」自分はどうした、こうした、というような安価な「神話」を語って、近所迷惑なことをする。あるいは、宗教家という人たちも、コスモロジーについて語るよりは、安易な道学者になってしまう。つまり、「よいこと」を、これほど沢山《たくさん》している、というくらいのことを誇りとしないと、自分の存在価値を示せないのである。⑯

7 古来からある神話を、事象の「説明」であると考え、未開の時代の自然科学のように誤解したため、⑰神話や昔話などの価値を近代人はまったく否定してしまった。⑱確かに自然科学によって、自然をある程度支配できるようになったが、それと同じ方法で、⑲自分と世界とのかかわりを見ようとしたため、近代人はユングも指(エ)テキするように、貧しい生き方、セカセカした生き方をせざるを得なくなったのである。⑳

8 もちろん、だからと言ってわれわれはすぐに、プエブロ・インディアンのコスモロジーをそのままいただくことはできない。われわれは既に多くのことを知りすぎている。㉑われわれとしては、自分にふさわしいコスモロジーをつくりあげるべく各人が努力するより仕方がないのである。われわれは、エレンベルガーの表現を借りるなら、自分の無意識の神

道徳を説く人

自分なりの「自分をも入れこんだ世界のイメージ」

⑭ 自分の存在価値・自分がこれまでしてきたこと。

⑮ かぎ括弧が付いているから、インディアンたちの神話との違いを強調しているのかな。

⑯ これが「極めて貧困な精神」ということか……。

⑰ 文明が発達していなかった時代＝未開の時代につくられた神話を、事象をただ説明するだけの「自然科学の未熟バージョン」だと誤解したってことか。

⑱ たとえば「雷」という事象は、「神様が怒って鳴らすもの＝神鳴り」と説明されるより、「積乱雲内部の電位差によって生じる放電現象」と説明された方が、説明としては受け入れやすい。

⑲ 自然を支配した方法、つまり、自分を対象から切り離して客体を観察する方法。

⑳ じゃあ、われわれはどうしたら良いのだろう?

㉑ たしかに今さら、太陽の運行の手助けをするという考え方を採用することは

話産生機能に頼らねばならない。しかし、そのことをするための一助として、古来からある神話や昔話を「非科学的」「非合理的」ということで簡単に(オ)ハイ斥するのでは※2なく、その本来の目的に沿った形で、その意義を見直してみることが必要であろう。㉒

ページ	重要表現（語彙）	補足説明
76	※1 しかし （逆接の接続詞）	① 対比（彼はお金持ちだ。しかし、彼女はそうではない。） ② 方向転換（彼はお金持ちだ。しかし、孤独だ。） 基本的に、内容の重点は、逆接の接続詞の前よりも後ろに置かれます。たとえば「お姉ちゃんの作るラーメンは美味しいけれど辛い。」という文の場合、言いたいことは、「美味しいこと」ではなく、「辛いこと」ですよね。したがってこの文章の場合、言いたいことは逆接の前までで述べられていた「自然科学の強み、長所」ではなく、後ろに述べられている「自然科学の弱点、短所」である、ということになります。
79	※2 AではなくB （否定—肯定構文）	Aは「読者が誤解しているだろうと筆者が思っている内容」。多くの場合、一般論。Bは「読者の誤解、間違った認識を正す、筆者の考え」。 【例】現代文の問題を解くときに大事なのは、「速く読んでじっくり解くこと」ではなく、「じっくり読んで速く解くこと」だ。

できない……。

※2…AではなくB（P79補足説明参照）

㉒ 科学だけが正しくて、神話や昔話は間違っているとは一概にはいえない。自分にふさわしいコスモロジーをつくりあげるために、神話や昔話の意義を見直さないといけない。

❷ 解答・解説

問一　漢字問題です。漢字は一字一字、意味を持っています。たとえば、「遍」は「遍《あまね》く（広く、すべてにわたって）」という意味ですから、「遍在《へんざい》」という熟語は、「あらゆる場所に存在している」という意味になります。そして読み方は同じでも「偏在」となると、「偏《かたよ》って存在している（在《あ》るところにはたくさん在るが、ないところにはまったくない）」という意味になります。漢字を覚えるときには、「漢字自体の意味」に着目することが大切です。

選択肢に出てきた漢字で、もし知らないものがあれば、せっかくですから覚えてしまいましょう。必要なものには意味も書き添えておきます。

(ア)①符合（二つのものがぴったり対応すること、一致すること）②不朽（朽《く》ちることなくいつまでも価値を失わずに残ること）③普及（普《あまね》く及ぶこと、広く行き渡ること）

(イ)①知己《ちき》（1親友　2知り合い）②誘致（積極的に誘い寄せること）④稚魚（卵からかえったばかりの魚）⑤厚顔無恥（恥知らずなこと、面《つら》の皮が厚いこと）

(ウ)②否認（認めないこと）③非凡（凡庸《ぼんよう》でないこと、普通より特にすぐれていること）④卑近《ひきん》（身近でありふれていること、高尚《こうしょう》でないこと）

(エ)①好敵手（ライバル）②摘発（悪事を見つけ出して、世に発表すること）④端的（1明白なさま　2要点だけをはっきりと示すさま）

(オ)③排気　④背信（信頼に背《そむ》くこと、裏切り）

問二　本文中に用いられている「知」を二つのグループに分ける問題です。「知」の内容と、その「知」を用いているのが誰かに注目して、波線部(1)～(5)をプラスとマイナスにグループ分けしていきましょう。

(1)自然科学の知……自分を抜きにして対象そのものを観察することで得られる知。近代人が用いる知。

(2)確たる知……自分と太陽とがどのような関係にあるのかということについての知。インディアンが用いる知。

(3)神話の知……インディアンが用いる知。

(4)豊かな科学の知……近代人が用いる知。

(5)近代科学の知……近代人が用いる知。

これより、(1)・(4)・(5)と(2)・(3)というグループに分けることができます。したがって正解は③となります。

ちなみに、下図を見てもらえばわかるように、本文では、自分と世界とのかかわりを知る上で何の役にも立たない「科学の知」は否定的（マイナス）に捉えられており、自分と世界とのかかわりを教えてくれる「確たる知」＝「神話の知」は肯定的（プラス）に捉えられています。

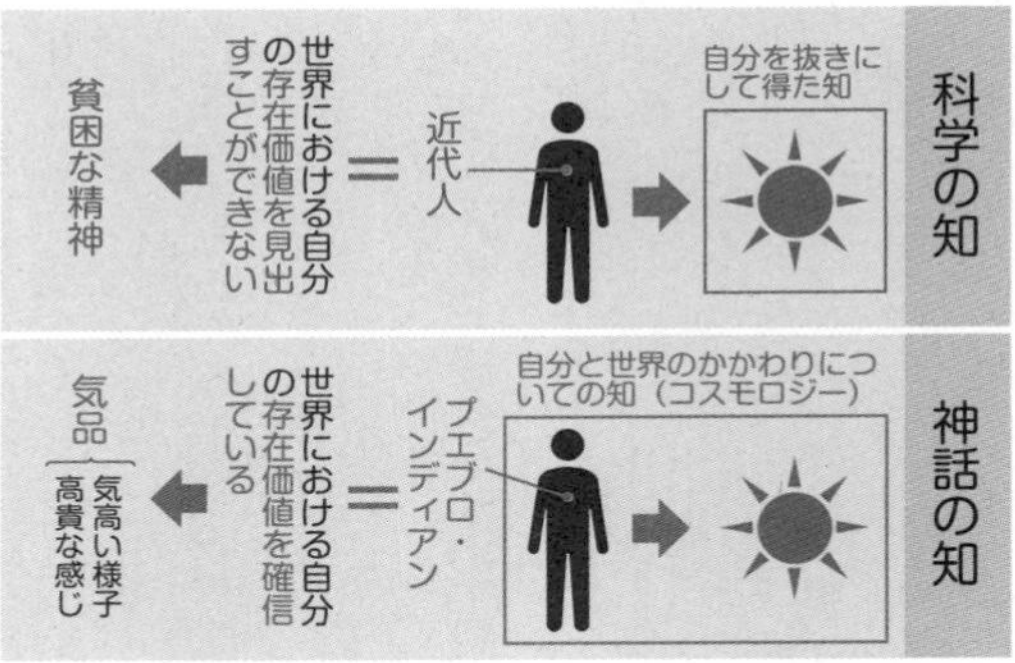

問三　「確たる知を持って生きている」とはどういうことかという問題です。「確たる知」（＝揺るぎない、確かな知）とは、傍線部Ⓐの直前、直後を見ると、「プエブロ・インディアンの」「太陽と自分とのかかわりについての知」であることがわかります。では、その「知」について具体的に書かれている傍線部Ⓐ付近の文章を抜き出してみましょう。

③ 太陽と自分とのかかわりについて、確たる知を持って生きている人たちについて、ユングは彼の自伝のなかで述べている（『ユング自伝Ⅱ』）。ユングが旅をしてプエブロ・インディアンを訪ねて行ったときのことである。インディアンたちは、彼らの宗教的儀式や祈りによって、太陽が天空を運行するのを助けていると言うのである。「われわれは世界の屋根に住んでいる人間なのだ。われわれは太陽の息子たち。そしてわれらの宗教によって、われわれは毎日、われらの父が天空を横切る手伝いをしている。それはわれわれのためばかりでなく、全世界のためなんだ」とインディアンの一人は語った。彼らは全世界のため、太陽の息子としての勤めを果たしていると確信している。

このように見ると、「確たる知」とは、「〈自分たちは宗教的儀式や祈りによって全世界のために太陽の運行を手助けしている〉という確信のこと」だとわかります。この「正解のイメージ」に合う選択肢を選びます。

①の前半の「固有の信仰を守ることによって」は、「彼らの宗教的儀式や祈りによって」を言い換えたものですし、

後半の「宇宙における自己の役割を果たしている」も「全世界のために太陽の運行の手助けをしている」ということの言い換えとなっています。本文と表現は違いますが、言っている内容はだいたい同じです。これが正解。

②と④は、「自らが宇宙の中心」という内容になっている点が誤り。インディアンたちが信じているのは、「父なる太陽の運行の手助けをしている」ことです。

③は「科学的に説明」が誤りです。問二で見たとおり、プエブロ・インディアンの「確たる知」は、「科学の知」と対比されています。

⑤は「(自分がいなければ)宇宙はありえない」という部分が誤り。正しくは「太陽の運行はありえない」です。

問四　傍線部(B)の「気品」は何から生まれてくるのかという問題です。根拠となりそうなところを抜き出してみましょう。因果関係に着目します。

3「そのとき、私は一人一人のインディアンにみられる、静かなたたずまいと『気品』のようなものがなにに由来するのかが分かった。それ(気品)は太陽の息子ということから生じてくる。彼の生活が宇宙論的意味を帯びているのは、彼が父なる太陽の、つまり生命全体の保護者の、日毎《ひごと》の出没を助けているからである」

4 インディアンたちは、彼らの「神話の知」を生きることによって、ユングが羨望《せんぼう》を禁じ得ない「気品(B)」をもって生きている。

ここでわかるのは、「気品」は、「太陽の息子ということ」「彼らの『神話の知』を生きること」によって生まれてくる、ということですが、もう少し考えてみましょう。なぜ、太陽の運行の手助けをすることが、「気品」を生むのか。傍線部(B)の少し前の、インディアンの言葉にそのヒントがあります。

3「われわれは世界の屋根に住んでいる人間なのだ。われわれは太陽の息子たち。そしてわれらの宗教によって、われわれは毎日、われらの父が天空を横切る手伝いをしている。それはわれわれのためばかりでなく、全世界のためなんだ」とインディアンの一人は語った。

太陽の運行の手助けをすることは、自分たちのためだけではなく、全世界のためになる、ということを彼らは確信しています。「自分のしていることが、全世界のためになっている」。そう確信している人間が、堂々たる気品を具《そな》えていることには何の不思議もありません。

まとめると、次のようになります。

> ❶プエブロ・インディアンは、彼らの「神話の知」（自分達は太陽の運行の手助けをしているという確信）を生きている
> ←
> ❷それは、自分たちのためばかりでなく、全世界のためだと信じている（自分の存在価値を感じている）
> ←
> 「気品」が生まれる

これを「正解のイメージ」として、選択肢を検討していきます。

①と⑤は、自分たちは宇宙の中心でいちばん偉いのだ、という自負／自信が「気品」をもたらすという内容になっているので×。「気品」は❶と❷から生まれます。

②は「宗教的生活を通じて」が❶の内容を、「世界に役立っている」が❷の内容を表しているので、ばっちり「正解のイメージ」に合致しています。正解。

③は「科学で解明できないものまでもすべて説明できるという誇り」が誤り。プエブロ・インディアンたちの「気品」は、〈俺たちはあいつらにできないことができるんだ〉などという子どもじみた対抗意識から生まれてくるわけではありません。

④は少し紛らわしかったかもしれませんが、「環境と一体になっている」が誤りです。たしかにインディアンたちは、自分を環境から切り離すことなく生きていますが、環境、たとえば太陽と一体になっていることから「気品」が生まれているわけではありません。太陽の運行を手助けすることで（❶）、全世界の役に立っているということ（❷）が、彼らに気品を与えているのです。

問五　「笑ってばかりは居られない」のはなぜか、という問題です。傍線部(C)の「それ」は何を指していますか？　これがわかる人はなかなか力がある人です。傍線部(C)の一文とそ

の前の一文をシンプルにして並べてみると、指示語の内容が見えてくると思います。

> インディアンたちの神話の知を、「説明」として捉えるとき、われわれはそれを笑いものにすることができる。
>
> ⟷ **しかし**
>
> それを、コスモロジーとして論じるとき、われわれは笑ってばかりは居られない。

「それ」＝「神話の知」ですね。神話の知を、笑いものにできるかどうか（バカにできるかどうか）は、神話の知を「説明として」捉えるか、「コスモロジーとして」捉えるかによって変わります。もし君の友達が、「知ってる？ 太陽ってボクが動かしてるんだよ、毎朝の儀式によって。」と言ってきたら、君はきっとその友達のことをバカにするでしょう。ちょっと距離を置こうとするかもしれません。なぜなら、そんな謎の儀式で太陽が動くはずはないし、そもそも太陽は「動いているように見えるだけ」で、それは地球が太陽の周りをまわっていることからくる「見かけの動き」だということを君は知っているからです。理科の時間かなにかで、そのような「科学的な知識」を学んでいるからです。だから、われわれは、神話の知を「説明」として捉えるときには、それを笑いものにすることができる。でも、神話の知をコスモロジーとして、つまり「自分をも入れこんだ世界をどうイメージするか」という観点で捉える場合は、どうでしょうか。われわれが有している科学的な知識は、自分を抜きにして得た知識なので、「自分をも入れこんだ世界のイメージ」を決して与えてくれません。その点、「神話の知」は、「説明としては」たしかに幼稚だし、客観性もないけれど、自分と世界とのかかわりを教えてくれるという点では、科学の知にはない強みを持っているといえます。表にするとこんな感じです。

	説明	コスモロジー
科学の知	○	×
神話の知	×	○
	↓ 神話の知を笑いものにできる	↓ 笑ってばかりは居られない

科学の知にも、神話の知にも、それぞれ得意分野と不得意分野があるということですね。

そうすると、なぜわれわれは神話の知を「笑ってばかりは居られない」のか、という設問に対す

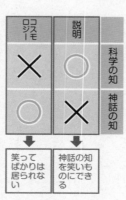

る正解のイメージは次のようなものになります。

> ❶われわれの持っている科学の知は万能ではない
> ❷神話の知には科学の知にはない強みがある
> ということに気付かされるから

では、選択肢の検討に入りましょう。

①は『自然科学の知』の科学性が希薄《きはく》になり」が誤り。科学性が薄まるのではなく、自然科学は科学的だからこそ（自分を抜きにして対象を捉える客観性を持つからこそ）、コスモロジーを考える際には役に立たないのです。

②も①と同様に「非科学性が露呈《ろてい》し（あらわになり）」が誤り。

③は、後半の『神話の知』の神秘性が新たな価値基準になる」が誤り。「神話の知」は、神秘的（ミステリアス）だから意義があるわけではありません。自分を含んだ世界のイメージを与えてくれるから意義があるのです。

④は、「正解のイメージ」の❶と❷がしっかり説明されています。正解。

⑤は、現代社会を否定し、前近代社会を肯定するという内容になっており、設問で問われている「神話の知を笑ってばかりは居られない」理由になっていないので×です。

問六　本文で述べられている筆者の主張に合致するものを選ぶ問題です。主張とは、文章全体の中で筆者が一番言いたいこと。必ずしも文章の最後に書いてあるとは限りません。全体の内容から、「この文章を通して筆者が言いたいことは何か（主張）」を判断しましょう。

今回の文章を２００字で要約してみると、だいたい次のようになります。

> 自然科学の知は普遍性という強みを持つが、自分と世界との関わり、つまりコスモロジーを考える上では役に立たない。一方神話の知は、事象の説明としては普遍性を欠くが、確たるコスモロジーを与えてくれる。神話を事象の「説明」として捉え否定し、コスモロジーまでも自然科学の知のみに頼った近代人は自らの存在価値を見失っている。神話の意義を見直すことで、各人が自分にふさわしいコスモロジーを作り上げることが必要である。（２００字）

こうしてみると、今回の文章の場合、筆者の主張は最後の部分にあるということがわかりますね。正解のイメージは次のようになります。

> 神話や昔話の意義を見直すことで、一人ひとりが自分にふさわしいコスモロジーを作り上げることが必要だ。

この正解のイメージに合う選択肢を選びます。すると、③が良さそうですよね。「人間存在の根源」とは、「そもそも人間とはなんなのか」ということ。「なんのために生まれ、なんのために生きているのか」といった、人間という存在の根本的な部分のことです。また、「めいめいの世界観」とは「人それぞれ異なる自分なりのコスモロジー」という風に言い換えられます。

ほかの選択肢が違う理由も簡単に触れておきます。

①「古代へと回帰（ひとまわりして、もとの所に帰ること）」、④「古代の神話や昔話の世界にもどって」という部分が誤りです。本文の主張は「神話や昔話の意義を見直す」ことで、「神話や昔話の世界にもどる」ことではありません。

②は「神話の知は、～自然科学の知によって裏付けられてきた」という点が誤り。神話の知は自然科学の知によって支えられてきたわけではありません。両者は異なるもの、むしろ相反する（互いに矛盾する）ものです。⑤は「（宇宙を解明しつくすことのできない科学の知の）限界を打破するのは～神話の知であり」が誤り。また、「それ（広大無辺な宇宙）を解明してわれわれははじめて永遠性を獲得することができる」という内容も本文の内容と無関係です。選択肢の文中の指示語も無視せずに、その内容を把握しながら読むようにしましょう。

【解答欄】

問一（各2点）		
(ア) ③	(イ) ④	(ウ) ④
(エ) ②	(オ) ③	

問二（6点）	問三（8点）	問四（8点）	問五（8点）	問六（10点）
③	①	②	④	③

第9講

解説
Answer

『デューク』

（江國香織）

〔解説：輿水淳一〕

ジャンル
小説
字数
3320字
問題頁
P.81

◆「伏線」という技術

文学作品を読む楽しみの一つに「共感」があります。登場人物の姿に自分を重ね、「わかる、わかる」と読み進める楽しさ、あるいは、言葉にできない「モヤモヤした感じ」に形が与えられていくような心地よさです。また、それとは別に——とは言っても互いに重なりあうものですが——作家の表現技術、表現の工夫を味わうという楽しみ方もあります。どこに重点を置いて読むかは人それぞれですが、文章の読み方には「人」が表れます。僕が『デューク』を読んで感じたのは、構成や伏線といった表現技術の巧《たく》みさでした。輿水先生は、そして、みなさんは、どのように読んだのでしょうか。（西原）

❶ 全文解釈

歩きながら、私は涙がとまらなかった。❶二十一にもなった女が、びょおびょお泣きながら歩いているのだから、他《ほか》の人たちが(ア)いぶかしげに私を見たのも、無理のないことだった。❷それでも、私は泣きやむことができなかった。

デュークが死んだ。

私のデュークが死んでしまった。

私は悲しみでいっぱいだった。❸

デュークは、グレーの目をしたクリーム色のムク毛の犬で、プーリー種という牧羊犬だった。わが家にやってきた時には、まだ生まれたばかりの赤んぼうで、廊下を走ると手足がすべってぺたんとひらき、すーっとお腹《なか》ですべってしまった。それがかわいくて、名前を呼んでは何度も廊下を走らせた。(そのかっこうがモップに似ていると言って、みんなで笑った。) たまご料理と、アイスクリームと、梨《なし》が大好物だった。❹五月生まれのせいか、デュークは初夏がよく似合った。新緑のころに散歩につれていくと、匂《にお》やかな風に、毛をそよがせて目をほそめる。すぐにすねるたちで、すねた横顔はジェームス・ディーンに似ていた。音楽が好きで、私がピアノをひくと、いつもうずくまって聴いていた。そうして、デュークはとても、キスがうまかった。❺

かわいい

死因は老衰で、私がアルバイトから帰ると、まだかすかにあたたかかった。ひざに頭をのせてなでているうちに、いつのまにか固くなって、つめたくなってしまった。デュークが死んだ。❻

✔ 脳内活動・重要語彙

❶ 何があったんだろう。

❷ 人目をはばからずに泣いている様子を表しているのかな。面白い表現だ。

❸ 平易な言葉遣いだけど、「私」の悲しさがよく伝わる表現だな。改行による効果もあるだろうか。

❹ 犬に何を食べさせてるんだ……。

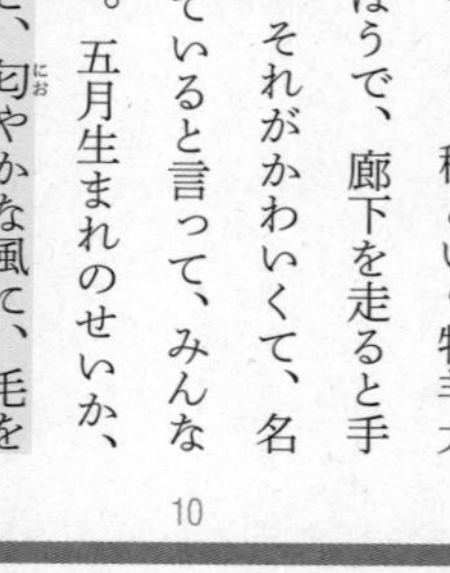

❺ 数かぎりない思い出があるんだろうな……。

❻ リフレイン（同じ表現の反復）。

次の日も、私はアルバイトに行かなければならなかった。玄関で、みょうに明るい声で〝行ってきます〟を言い、⑦表にでてドアをしめたとたんに涙があふれたのだった。⑧泣けて、泣けて、泣きながら駅まで歩き、泣きながら改札口で定期を見せて、泣きながらホームに立って、泣きながら電車に乗った。電車はいつものとおり混《こ》んでいて、かばんをかかえた女学生や、似たようなコートを着たおつとめ人たちが、ひっきりなしにしゃくりあげている私を遠慮会釈なくじろじろ見つめた。

「どうぞ」

無愛想にぼそっと言って、男の子が席をゆずってくれた。十九歳くらいだろうか、白いポロシャツに紺のセーターを着た、ハンサムな少年だった。

「ありがとう」

(イ)蚊のなくような涙声でようやく一言お礼を言って、私は座席にこしかけた。少年は私の前に立ち、私の泣き顔をじっと見ている。深い目の色だった。⑨私は少年の視線にいすくめられて、なんだか動けないような気がした。そして、いつのまにか泣きやんでいた。

私のおりた駅で少年もおり、私の乗りかえた電車に少年も乗り、終点の渋谷までずっといっしょだった。どうしたの、とも、だいじょうぶ、とも聞かなかったけれど、少年はずっと私のそばにいて、満員電車の雑踏から、さりげなく私をかばってくれていた。（優しい少年だな）少しずつ、私は気持ちがおちついてきた。⑩

「コーヒーごちそうさせて」

電車からおりると、私は少年に言った。

⑦ 無理してるんだろうな。

⑧ ここで冒頭のシーンに戻るわけか。

⑨ なんだか意味ありげな表現だな。

⑩ 少年の優しさに触れて「私」の心情が変化した（マイナス→プラスマイナスゼロ）。

9

十二月の街は、あわただしく人が往《い》き来《き》し、からっ風がふいていた。⑪クリスマスまでまだ二週間もあるのに、あちこちにツリーや天使がかざられ、ビルには歳末大売り出しのたれまくがかかっていた。喫茶店に入ると、少年はメニューをちらっと見て、

「朝ごはん、まだなんだ。オムレツもたのんでいい⑫」

ときいた。私が、どうぞ、とこたえると、うれしそうににこっと笑った。

公衆電話からアルバイト先に電話をして、(A)風邪をひいたので休ませていただきます、と言ったのを聞いていたとみえて、私がテーブルにもどると、

「じゃあ、きょうは一日ひまなんだ」

少年はぶっきらぼうに言った。⑬

喫茶店をでると、私たちは坂をのぼった。坂の上にいいところがある、と少年が言ったのだ。

「ここ」

(B)彼が指さしたのは、プールだった。

「じょうだんじゃないわ。この寒いのに」

「温水だから平気だよ」

「水着持ってないもの」

「買えばいい」

自慢ではないけれど、私は泳げない。

泳げないのか

「いやよ、プールなんて」

⑪ 年末の出来事という設定には何か意味があるのだろうか。

⑫ オムレツ……たまご料理だ！　もしやこの少年……！

⑬ でも実はたぶん嬉しい。

「泳げないの」

少年がさもおかしそうな目をしたので、私はしゃくになり、（カチンときて）だまったまま財布から三百円だして、入場券を買ってしまった。⑭

十二月の、しかも朝っぱらからプールに入るような(ウ)酔狂は、私たちのほか誰《だれ》もいなかった。おかげで、そのひろびろとしたプールを二人で独占してしまえた。少年はきびきびと準備体操をすませて、しなやかに水にとびこんだ。彼は、魚のようにじょうずに泳いだ。プールの人工的な青も、カルキの匂いも、反響する水音も、私にはとてもなつかしかった。プールなど、いったい何年ぶりだろう。ゆっくり水に入ると、からだがゆらゆらして見える。

とつぜんぐんっと前にひっぱられ、ほとんどころぶようにうつぶせになって、私は前に進んでいた。? まるで、誰かが私の頭を糸でひっぱってでもいるように、私はどんどん泳いでいた。?? すっと、糸をひく力が弱まった。あわてて立ちあがって顔をふくと、もうプールのまんなかだった。三メートルほど先に少年が立っていて、私の顔を見てにっこり笑った。⑮

私は、泳ぐって、気持ちのいいことだったんだな、と思った。

少年も私も、ひとことも言わずに泳ぎまわり、少年が、

「あがろうか」

と言った時には、壁の時計はお昼をさしていた。

プールをでると、私たちはアイスクリームを買って、⑯食べながら歩いた。泳いだあとの疲れもここちよく、アイスクリームのあまさは、舌にうれしかった。このあたりは、少し歩

⑭ 泳げないのにどうするんだろう。

⑮ 泳げない「私」が泳げたのは少年のおかげなのかな。でも少年に手で引っ張ってもらうには三メートルという距離は離れすぎているしな……。不思議なことが起きている……。

⑯ アイスクリーム……。

くと閑静《ひっそりとした、静かな》な住宅地で、駅のまわりの喧噪《騒がしさ》がうそのようだった。私の横を歩いている少年は背が高く、端正《整った》な顔立ちで、私は思わずドキドキしてしまった。晴れたま昼の、冬の匂いがした。⑰

地下鉄に乗って、私たちは銀座にでた。今度は私が、〝いいところ〟を教えてあげる番だった。裏通りを十五分も歩くと、小さな美術館がある。めだたないけれどこぢんまりとした、いい美術館だった。私たちはそこで、まず中世イタリアの宗教画を見た。それから、古いインドの細密画を見た。一枚一枚、たんねんに見た。

「これ、好きだなぁ」

少年がそう言ったのは、くすんだ緑色の、象と木ばかりをモチーフにした細密画だった。

「古代インドはいつも初夏だったような気がする」⑱

「ロマンチストなのね」

私が言うと、少年はてれたように笑った。

美術館をでて、私たちは落語を聴きにいった。たまたま演芸場の前を通って、少年が落語を好きだと言ったからなのだが、いざ中に入ると、私はだんだんゆううつになってしまった。⑲

デュークも、落語が好きだったのだ。⑳夜中に目がさめて下におりた時、消したはずのテレビがついていて、デュークがちょこんとすわって落語を見ていた。父も、母も、妹も信じなかったけれど、ほんとうに見ていたのだ。

デュークが死んで、悲しくて、悲しくて、息もできないほどだったのに、知らない男の

⑰ 良い表現だな。

⑱ はじめの方に「五月生まれのせいか、デュークは初夏がよく似合った」とあったな……。

⑲ 心情の変化。

⑳ いっとき忘れていたデュークのことを再び思い出した。

子とお茶をのんで、プールに行って、散歩をして、美術館をみて、落語を聴いて、私はいったい何をしているのだろう。

だしものは、〝大工しらべ〟だった。少年は時々、おもしろそうにくすくす笑ったけれど、私はけっきょく一度も笑えなかった。それどころか、だんだん心が重くなり、落語が終わって、大通りまで歩いたころには、もうすっかり、**悲しみがもどってきていた。**㉑

(c)**デュークはもういない。**

デュークがいなくなってしまった。㉒

大通りにはクリスマスソングが流れ、うす青い夕暮れに、ネオンがぽつぽつつきはじめていた。

「今年ももう終わるなぁ」

少年が言った。

「来年はまた新しい年だね」

「**そうね**」㉓

「そうね」〔生返事〕

「今までずっと、僕は楽しかったよ」

「そう。私もよ」〔これも生返事〕

下をむいたまま私が言うと、少年は私のあごをそっともちあげた。〔む!〕

「今までずっと、だよ」

なつかしい、深い目が私を見つめた。〔なつかしい、深い目……!〕そして、少年は私にキスをした。

㉑ 少年と出会う前の悲しい気持ちに戻っている。

㉒ デュークの不在を強く意識している。

㉓ 「私」の意識はデュークに向けられていて、ほとんど少年の言葉に耳を傾けていない。

9

私があんなにおどろいたのは、彼がキスをしたからではなく、彼のキスがあまりにもデュークのキスに似ていたからだった。ぼうぜんとして声もだせずにいる私に、少年が言った。

「僕もとても、愛していたよ」㉔

淋《さび》しそうに笑った顔が、ジェームス・ディーンによく似ていた。㉕

「(D)それだけ言いにきたんだ。じゃあね。元気で」

そう言うと、青信号の点滅している横断歩道にすばやくとびだし、少年は駆けていってしまった。

私はそこに立ちつくし、いつまでもクリスマスソングを聴いていた。銀座に、ゆっくりと夜がはじまっていた。

㉔「僕も」「愛していた」……！今日初めて会った人が言うセリフではない……！

㉕デューク‼

❷ 解答・解説

以前、予備校の授業でこの問題を生徒たちに解かせたところ、解きながら涙が止まらなくなってしまった生徒がいました。聞けば、前日の夜に愛犬を喪《うしな》ったばかりという最悪のタイミング。でも彼女は、泣きながら満点を取りました。

「小説問題を解くときには、登場人物に共感したり感情移入したりしてはいけない」とか「小説は、主観を排して客観的・論理的に読むべきだ」という指導もあるかもしれません。でも僕は、まずは、小説の世界に入り込み、自然に心を登場人物に重ね合わせながら（無理にする必要はない）、登場人物の悲しみや喜びを、自分の悲しみや喜びとして受け取るような読み方、つまり「小説の普通の読み方」を大事にしてほしいと思います（おすゝめ本一覧〈問題編112ページ〉に挙げた本も、ぜひ読んでみてください）。

『デューク』を読んで泣いてしまった生徒に差し出すべきは「客観的に読め・論理的に読め」という寂しい言葉ではなく、ティッシュかハンカチです。

さて、みなさん、この小説に登場した「少年」が、実はデュークだった、ということには気付きましたか？　死んでしまった愛犬デュークが少年の姿を借りて最後に「私」に会いにきてくれたというお話。はっきりそう書いてあるわけではありませんが、読者がそのように読めるように作家は様々な工夫を凝らしています。特に最後のシーンでは畳みかけるように、少年とデュークが重ね合わせられていましたね。では、君が最初に「あれ、この少年、デュークじゃないか？」と思ったのはどのあたりでしたか？　最後の方で気づいた人が多いのではないでしょうか。え？　喫茶店で少年が「オムレツ」を頼んだシーンで気付いた!?　それは素晴らしい！　拍手。そう、オムレツは卵料理です。そしてデュークの大好物は、卵料理と、アイスクリームと、梨。かなりインパクトのある食べものですから頭に残っていましたよね。そうやって読者の頭にデュークの好物を刻み込ませておいて、喫茶店であえて「オムレツ」を頼ませる……。作家は、計算ずくでそうしているのです。きっと。

ここで覚えておいてほしいことは、

> 無駄な表現はない
> ＝
> すべての表現には意味がある

ということです。小説家は、無数の言葉の中から、なんらかの意図をもって、ある言葉を選ぶ。なにを書いてもいいのに、わざわざその言葉を選んでいる。そこにはなにか意味があるはずだ、ということです。もちろん、その意味がいつもいつもわかるわけではないし、本当に小説家が常に意図的に言葉を選んでいるかどうかはわかりません。でも、読者としては、「何か意味があるのかな」くらいのスタンスでいたほうが、作者の意図に気付きやすいと思います。今回の問題は、そのような「表現に込められた意図」を学ぶのに良い問題だったのではないかなと思います。

では、各設問を見ていきましょう。

問一 (ア)「いぶかしげに」は、漢字で書くと「訝しげに」となります。「訝しい」は〈不審に思う、怪しく思う、疑わしい〉といった意味。「げ」は、楽しげ、悲しげなどのように、「いかにも〜そう」「〜の様子」という意味。したがって正解は①。ちなみに「怪しい」と「訝しい」をくっつけると「怪訝《けげん》」という熟語になり、意味は〈理由や事情がわからなくて、不思議に思うこと〉です。「怪訝」も試験によく出ます。

(イ)「蚊のなくような」は、「声」を修飾する慣用句（習慣的に二つ以上の語が結合した形で使われ、その全体で、ある特定の意味を表すもの）で、〈蚊の羽音のようにかすかで弱々しい（声）〉という意味です。正解は⑤。ちなみに僕は「蚊のなくような」という表現を目にすると、自動的にMr.Children の名曲「つよがり」が脳内再生されます。

(ウ)「酔狂」は、〈ふつう人がやらないようなことを好んですること。物好き〉という意味。正解はずばり②です。

問二 「私」の気持ち（心情）の変化について問う問題です。傍線部(A)までの「私」の気持ちの変化を簡単にまとめると次のようになります。因果関係に注目しましょう。

デュークの死（心情を変化させた原因）
↓
深い悲しみ（心情⊖）
↓
少年のさりげない優しさ（心情を変化させた原因）
↓
少しずつ、私は気持ちがおちついてきた（心情⊖⊕ゼロ）

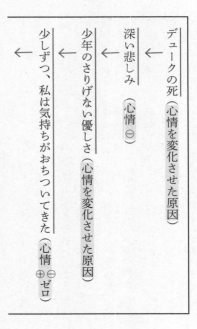

少年にお礼をするために喫茶店へ行き、バイト先に電話。「風邪をひいたので休ませていただきます」

アルバイトに行くよりも、この優しい少年と一緒にいたいと思ったのかな。

一応、傍線部の後ろも読んでみると……

少年と一緒にプールや美術館へ

やっぱり少年と一緒にいたいと思ってバイトを休んだんだな。

選択肢の検討に入ります。右図のような流れを正しく踏まえている選択肢は⑤しかありません。正解は⑤。ちなみに⑤の選択肢の「アルバイトに行こうと強がって家を出た」という感情表現は、直接本文に書いてあるわけではありません。でも「みょうに明るい声で〝行ってきます〟を言い」という表現から推測できる感情です。したがってこの部分で×にしてはいけません。

①は少し紛らわしかったかもしれませんが、「一人になった途端にどうしてよいのかわからなくなった」は誤りです。泣きながらではありますが、「私」はいつもどおりに駅まで行って、電車に乗っています。また、「彼にお礼をすることがアルバイトに行くより大事なことだと思うようになった」というのも誤り。喫茶店で少年にご馳走しているので、お礼はもう済んでいるはずです。本文とのつじつまの合わない解釈は「誤った解釈」です。

②は「彼をデュークの代わりとして愛することで悲しみから逃れられると思うようになった」が誤り。「私」がそのように思ったといえる根拠は、本文中にはありません。

③は、「バイトを休む口実（言い訳）が思いつかない→少年の親切のおかげで余裕を取り戻す→口実思いつく（あ、そうだ、風邪で休むことにしよう！）」という内容になってしまっています。少年のおかげで変化したのは「私」の気持ちです。口実を思いつくかどうかではありません。そもそも、本文には「私はアルバイトに行かなければならなかった」とあるだけで、休む口実を探している様子は見受けら

9

れません。

④は「途方に暮れていた」が誤り。泣きながらではあるものの、いつもどおりにバイトに向かっています。また、「ハンサムで優しい「少年」の愛情に接して悲しみも癒《い》え、これから始まる新しい恋に期待してみようと思うようになった」も誤り。こんなにあっさり悲しみが癒えてしまったらデュークがかわいそうです。そしてこの小説は、恋のお話ではありません。

問三　「プールでの出来事の叙述が、この小説の中でどのような働きをしているか」を問う問題です。全体像がわからなければ、部分の働きもわかりません。ですから、これは最後まで読んでから解くべき問題です。

プールでの出来事の中心は、泳げないはずの「私」が突如として泳げるようになったこと、そしてその不思議な現象はおそらく少年によって引き起こされたのだろう、ということです（《全文解釈⑮》参照）。では、そのような叙述がこの小説の中でどのような働きをしているか。それは「少年の不思議さを印象付ける働き」ではないでしょうか。最後まで読めばわかるように、この少年は、デュークが、人間に姿を変えた存在です。そのような不思議な（非現実的な）話を読者に受け入れてもらう上で、このプールでの不思議な出来事は役に立っているといえるでしょう。

そんなのわからない、という人もいると思います。わからないときは消去法で解いても構いません。でも、なるべく、自分なりの「正解のイメージ」を考えるようにはしましょう。毎回。塵も積もれば山となります。

では選択肢を見ていきます。

① 強引な「少年」に反発を感じていた「私」が、「少年」の指導によって泳ぐことを教えられるということで、「少年」が「私」にとって不可欠な存在となることを表している。
×感じていない　**×指導していない**　**×**

② 泳ぎの嫌いな「私」が、「少年」に導かれてプールで童心

×嫌いなのではなく、泳げない

に帰る体験をさせられるということで、「私」が純真さを取

り戻すことを暗示している。
× **純真さを失っているわけではない**

③悲しみに沈んでいた「私」が、忘れていた水の感覚の素晴らしさを「少年」に教えられるということで、「私」が悲しみを癒《い》やす方法を手に入れたことを表している。
× **この後にも再び悲しみに襲われている**

④泳げないはずの「私」が、「少年」の神秘的な力によって泳ぐことの快さを体験させられるということで、「少年」が特別な存在であることを暗示している。
○ **書かれていないが可能な解釈**
○

⑤元気をなくしていた「私」が、「少年」によって泳ぐことを擬似的に経験させられるということで、「少年」の存在の不確かさを表している。
＝**まるで泳いでいるかのような経験をする**
× **不確かさを表現したいわけではない**

ということで正解は④です。

【選択肢の判断基準】
「書いてあるか否か」ではなく「可能な解釈か否か」

問四　傍線部(C)「デュークはもういない。デュークがいなくなってしまった」における「私」の心理状態を問う問題。本文をもう一度見てみましょう。

> デュークが死んで、悲しくて、悲しくて、息もできないほどだったのに、知らない男の子とお茶をのんで、プールに行って、散歩をして、美術館をみて、落語を聴いて、私はいったい何をしているのだろう。(選択肢③はこの部分の心情)
> だしものは、〝大工しらべ〟だった。少年は時々、おもしろそうにくすくす笑ったけれど、私はけっきょく

9

一度も笑えなかった。それどころか、だんだん心が重くなり、落語が終わって、大通りまで歩いたころには、もうすっかり、悲しみがもどってきていた。

＝

(C)デュークはもういない。

デュークがいなくなってしまった。

聞かれているのは、あくまでも傍線部Ⓒの箇所の「私」の心理状態です。③を選んでしまった人は、そのことを見落としている可能性があります（③は傍線部の4文前の箇所の心情）。傍線部Ⓒの「デュークはもういない。デュークがいなくなってしまった」という発言から読み取れる「私」の心理状態とは、

デュークがもうこの世に存在していないということを痛切に感じ、再び深い悲しみに捉えられている

というようなものでしょう。これを「正解のイメージ」にすると、正解は①です。

②は「何をしても気持ちが晴れないまま、変わらぬ悲しみに浸り続けている」が誤り。プールや美術館では、「私」は一時的に悲しみから解放されていたはずです。

④、⑤は、「正解のイメージ」と大きく異なります。

問五　「それだけ言いにきたんだ。じゃあね。元気で」という発言から読みとれる「少年」の心情が聞かれています。傍線部に指示語が含まれている場合、必ず、その指示語が何を指しているかを把握しましょう。「それだけ言いにきたんだ」の「それ」は、直前の少年のセリフ「僕もとても、愛していたよ」を指しています。もしかしたら、そのもう一つ前の「今までずっと、だよ（ずっと僕は楽しかったよ）」も「それ」に含まれるかもしれません。いずれにせよ、これは、今日初めて会った人が言うセリフではありません。「少年に姿を変えたデュークのお別れの言葉」だと捉えるのが自然でしょう。「これまで愛してくれてありがとう、僕も愛していたよ、楽しかったよ、じゃあね、元気で」。涙腺が少しゆるみますが、選択肢を見てみましょう。

①、②、④は、今日初めて会った少年の気持ちとしてはありうるかもしれませんが、デュークの気持ちではありえません。⑤は『私』への愛着を断ち切ろうとするあきらめの気持ち」が誤り。「私」のことを好きでいるのをもうやめ

ようとしているのではありません。正解は③です。

問六　この小説における表現や手法の効果についての設問です。直接書かれていなくても、本文に書かれていることから推測できること、つまり「可能な解釈」なら○です。反対に、本文に書かれていることから推測できないこと、あるいは本文と矛盾することは「誤った解釈」であり、×になります。では、一つずつ選択肢を見ていきましょう。

ａは可能な解釈です。「夕暮れ」はたしかに昼と夜のはざま、境界の時間といえるし、「別れの時を境界の時間に設定することで、少年とのデートの終わりと、愛犬との永遠の別れとが幻想的に重ね合わされている」という内容も、可能な解釈です。

	デュークの存在する世界	デュークとの別れ	デュークのいない世界
年度	今年	年末	来年
信号	青信号	青の点滅	赤信号
時刻	昼	夕暮れ	夜

本文では上の表のような言葉で、デュークの存在する世界からデュークのいない世界への移り変わりを表現しています。

ｂは誤った解釈です。「不可思議な幻想の世界を見せることで、一日の出来事が『私』の夢であったことを表している」とありますが、小説の世界では、不可思議なことが描かれているからといって、それが夢であるということの根拠にはなりません。小説（フィクション＝虚構）の世界では、現実に不可思議なことが起き得ます。

ｃも誤った解釈。ｂと同様に、「現実にはありそうもない経験」を描いているからといって、それが「私」の幻想だということにはなりません。「私」は、「幻想の中に救いを求め」ているのではなく、小説世界の中の「現実」を生きています。

ｄは可能な解釈です。「デュークが死んだ。私のデュークが死んでしまった。」という繰り返しは、たしかに子どもっぽい飾り気のない表現ではありますが、だからこそ「私」の悲しみをストレートに伝える印象的な表現だといえるでしょう。

ｅは誤った解釈。本文は、デュークとの別れと、「少年」

との恋の始まりを描いた小説ではありません。「少年」はデュークです。

fは可能な解釈。卵料理、アイスクリーム、初夏、落語。それらがデートの中に散りばめられることで、「少年」がデュークだと気付かぬままに、「私」がデュークと再び交流していることが読者に示されています。

gは誤った解釈。サスペンス映画とは、ドキドキハラハラが続くような作品です。

というわけで、適当な組み合わせはa・d・f。③が正解です。

【解答欄】

問一（各3点）		
(ア)	(イ)	(ウ)
①	⑤	②

問二（7点）	問三（9点）	問四（7点）	問五（9点）	問六（9点）
⑤	④	①	③	③

第10講

解説
Answer

『メリー・ゴー・ラウンド』（三浦哲郎）

〔解説：輿水淳一〕

ジャンル	小説
字数	4909字
問題頁	P.95

◆「ただ、切ない…」

第9講『デューク』で、僕は「構成や伏線といった表現技術の巧みさ」を感じたと書きましたが、今回の『メリー・ゴー・ラウンド』では、技術云々《うんぬん》ではなく、父とチサの関わりあいにただただ心を奪われました。それはきっと僕に幼い娘がいるからでしょう。文章を読めば、主観的な想いが否応なく湧き上がってくるものです。そうした想いを大切にしつつ、文章中の言葉を手がかりとして理解を深める。文章読解において主観と客観は必ずしも対立するものではありません。今回の問題、輿水先生は、どう感じ、どこを根拠に解答を導いたのでしょうか。解説に期待しましょう。

（西原）

❶ 全文解釈

次の文章は三浦哲郎《みうらてつお》の小説『メリー・ゴー・ラウンド』の一節である。ある日チサは父親から、前から欲しいと思っていたビーズのハンドバッグと人形に加えて、白い帽子、白いワンピース、白い靴などを思いがけなく買い与えられ、❶❷母親のお墓参りの後で、動物園や遊園地のある矢ノ浦に連れていくと伝えられた。以下は、母親の命日の朝、お寺の場面から始まる文章である。

随分念入りなお経で、ゆうべ遅くまで寝つかれなかったチサは、堪《こら》え切れずに大きなあくびを二つした。ゆうべは、どうしたことか胸の太鼓がいつまでも鳴り止《や》まなくて、困った。❸ようやくそれにも聞き馴《な》れて、うとうとすると、今度は父親が便箋《びんせん》を一枚ずつぱりぱりと剥《は》ぎ取る音で、何度も目を醒《さ》ました。❹父親は、家のなかをきちんと片付けてチサを寝かせてしまうと、❺飯台にどてらの背中をまるくして手紙を書きはじめ、一体何人に書くつもりなのか、ぱりぱりと便箋を剥ぎ取る音がいつまでも止まなかった。時々、くしゅん、くしゅん、と鼻を鳴らすので、チサは、鼻風邪ではないかしらん、また熱でも出たら明日の矢ノ浦行きはどうなるのだろうと、そんなことを気にしているうちに、いつしか深く眠ったが、今朝になってみると、ありがたいことに、父親は持病で白くむくんでいるだけで鼻はなんともなくなっていた。（なんの病気だろう?）

お経が済んで、本堂から墓地へ移るとき、住職が歩きながらチサの頭に手を置いて、「大きくなったね。この二年の間に随分大人になった。」といった。それから、父親に、「近頃《ちかごろ》、腎臓《じんぞう》の方はどうです?」と訊《き》いた。（父親は腎臓病だったのか）「はあ、それが、相変わらずでして……どうもはかばかしく*1ありません。」と父親は答えた。「腎臓は長くかかりますからねえ。気長に、辛抱強く養

✔ 脳内活動・重要語彙

❶ チサはまだ小さい女の子なんだろうな。

❷ なぜだろう? 何か意図がありそうだ。

❸ 「胸の太鼓」は心臓の鼓動のことだろう。

❹ 父親はなにをしているんだろう?

❺ この部分、なにか意味がありそうだな。「父親はチサを寝かせてしまうと」でも十分意味が通るのに、わざわざ「家のなかをきちんと片付けて」が挿入されている。こんなふうに「わざわざ書かれている部分」には作者の意図が込められていることが多い。

*1 **はかばかしくない**…物事が順調にいっていない・良い方向にむかっていない。

生するしかありませんな。」と住職はいったが、母親の死後、父親は碌《ろく》に病院通いも勤めを休むこともできなくなっている。❻「それにしても、大変ですなあ、ひとりで父親と母親の役をするのは。」と、すこし間を置いてから住職はいって、つづけてなにかいいたげに見えたが、結局なにもいわずに、またチサの頭に手を置いた。父親も、それきり口を噤《つぐ》んでいた。

❼住職が先に墓を離れてからも、父親は、尻《しり》の先が苔《こけ》に触れそうなほど深くしゃがんで、長いこと拝んだ。チサは、痺《しび》れがきれそうで、途中でいちど立ち上がってから、またしゃがみ直した。父親は、いつものように、なにかぶつぶつと聞き取れない呟《つぶや》きを洩《も》らしながら拝んでいたが、チサは、また父親はおなじ詫《わ》び言を繰り返している、と思いながらその呟きを聞いていた。母親は、ちょうど二年前の雨降りの晩に、働きに出ていた製麺《せいめん》工場からバイクで帰ってくる途中、橋のたもとで大型トラックを避けようとしてハンドルを切り損ね、下の河原へさかさまに落ちて頸《くび》の骨を折って死んだのだが、父親はそれを自分のせいにして、母親を拝みながら時々、「おまえ、勘弁してくれや。俺が悪かったよう。」と、はっきり聞き取れる声で詫びるのである。

そんなことが……

ところが、けさは、長い呟きのあとで、

「母ちゃんよ、俺、もう、くたびれっちまった。」

え？　まさか……

独り言のようにそういうと、不意に合掌していた両手を膝の間にだらりと垂れてしまったので、チサはびっくりした。

それは、困る。これから水筒を提げて矢ノ浦まで足を伸ばそうというときに、もうくたびれてしまったのでは困る。❽

10

❻ 腎臓病なのにろくに病院に通うこともできず、仕事も休めない……八方塞《ふさ》がり（どの方面にも支障があり、打つ手がないこと）だな……。

❼ 住職はなにを言おうとしたのだろう？直前の「それにしても～」というセリフからすると、もしかしたら父親に再婚をすすめようとしたのかもしれない。

❽ 父親の「くたびれっちまった」は、人生に疲れてしまったという意味だろうに、チサはそれを単なる体の疲れのことだと勘違いしている。チサの無邪気な勘違いがなんだか切ないな……。

「もういこうよ、父ちゃん、矢ノ浦へ。」

と、チサは父親の肩を揺さぶっていった。

「そうだな。じゃ、いこうか。」

父親は、両手でつるりと顔を撫《な》で下ろすと、くたびれているわりにはさっさと立ち上がった。❾

汽車で矢ノ浦市に着いたのは、昼すこし前であった。さいわい、いい天気に恵まれて、晩春にしては日ざしが暑いほどだったが、それでもまだ白いものを着るには早すぎて、白ずくめのチサは人目を引いた。❿ 駅前の食堂に入ると、サンドイッチを運んできたウェートレスが、「(A)あら綺麗《きれい》。ウェディングドレスみたいね。」といった。チサは上気して、赤い顔になっていた。

まず城跡を見てから、動物園や遊園地のある公園に回り、それから海を見にいくことにして、広場でバスを待っていたとき、チサは、

「父ちゃん、忘れもの。」

といって、そばのポストを指さして見せた。

さっき食堂で、荷物になる水筒や人形を父親のしなびたボストンバッグに預けるとき、その底の方に、ゆうべ書いた手紙らしい真新しい封筒が何通か入っているのが見えたからである。⓫ けれども、父親は、

「うん……まだ切手を貼《は》ってないから。⓬」

呟くようにそういったきり、動物園にいる動物の種類を指折り数えはじめた。⓭

❾ 肉体的にくたびれているわけではないからね。

❿ チサはいま、あの買い与えられた白い帽子、白いワンピース、白い靴を身に付けているのか。

⓫ ボストンバックの底に封筒……。これはもしかして……。

⓬ 切手を貼る必要のない手紙なのでは……。

⓭ なにかをごまかそうとしているな。

その日は、週末でも祭日でもなかったせいか、昼下がりの動物園は閑散[*2]としていて、けものの匂《にお》いばかりがきつかった。ようやく新芽を吹き出した木立のなかの遊歩道を歩いていくと、両側に点在している大小の檻《おり》のなかから、足音を聞きつけた鳥やけものたちが(ア)首をもたげて、じっとこちらを見詰めている。チサは、そっとうしろを振り向いて、動物を見にきた自分たちが逆に大勢の動物たちに見詰められているのに気がついたとき、思わず繋《つな》いでいた父親の手を強く握り締めた。

「父ちゃん、こわい。」

「(B)こわくなんかないさ。父ちゃんが一緒だろう?」

父親は、真顔でチサの手を握り返した。⑭

遊園地の方にも、二人のように勤めや保育園を休んで遊びにきているらしい親子連れなど見当たらなくて、停《と》まったままの展望車に鳶《とび》が羽根を休めていた。チケット売場の窓口で、乗物は客が何人集まれば動くのかと尋ねると、一人でもあれば動かしますという返事であった。

チサは保育園児なのか

閑散とした様子がよく伝わる

「全部に乗せてやりたいけど、それじゃ動かす方に悪いからな。一つ選んで、そいつに乗るか。どれがいい?」

そう訊かれても、どれもが初めてのチサは⑮目移りがして、一つを選ぶのは難しかったが、結局、賑《にぎ》やかな飾りに釣られてメリー・ゴー・ラウンドを選んだ。⑯

「そうだな。女の子にはあれがいい。あれにたっぷり乗せてやろう。」

父親はそういって、メリー・ゴー・ラウンドのチケットばかり七回分も買った。

ずいぶんたくさん買うな

*2 **閑散**…ひっそりとしてもの静かなようす。

⑭ 真顔で……。父親はなにか違うことを考えているのではないか?

⑮ チサはこれまで遊園地に来たことがなかったんだな。

⑯ タイトルになっているメリー・ゴー・ラウンドだ。どんな意味が込められているんだろう。

サーカスのテントに似た形の屋根の下には、色とりどりの豆ランプが点滅していて、床の円板には光る真鍮《しんちゅう》*3の棒に背中を縦に貫かれた⑰木馬が全部で十二頭、二列になって輪を描きながら王様の馬車を引いている。軒下の電話ボックスみたいな小屋のなかには緑色の上っ張りを着た初老の女従業員がいて、父親がいきなり七回分のチケットを出すと、あたりを見回して怪訝《けげん》そうな顔をした。

「……七人さん？」

「いや、私ら二人だけ。」と父親がいった。「最初の一回は私も乗るけど、あとの分はこの子を乗せてやってください。」

チサは、十二頭のうちから、着ているものに合わせて白馬を選ぶと、父親に抱き上げて貰《もら》って跨《また》がった。やがて、頭の上でかすれたオルゴールの音楽が鳴りはじめ、ごとりと円板が動き出した。馬は、真鍮の棒ごと、ゆっくり上がったり下がったりする。⑱父親はそばに立って軀《からだ》を支えていてくれたが、二周もすると簡単に馴れて、父親の手を借りることもなくなった。一回分が(イ)呆気《あっけ》なく済んだ。

「よし、今度は父ちゃんも乗ろうかな。」

二回目は、父親も隣の縞馬《しまうま》に跨がった。チサの白馬が飛び上がれば、父親の縞馬は沈む。縞馬が飛び上がれば、白馬は沈む。父親は飛び上がるたびに、風を切る音のつもりなのか口を章魚《たこ》のように尖《とが》らせて、「ひょーっ。」というので、チサは笑わずにはいられなかった。⑲

何か意味がありそうな表現

チサの笑い声が、人気《ひとけ》のないメリー・ゴー・ラウンドのまわりに響いた。⑳

＊3 **真鍮**…銅と亜鉛との合金。現在の五円硬貨にも使われている。黄銅とも。

⑰ 別になくても良さそうな修飾語だな。なにか意味がありそう。

⑱ 馬が動いているというより、真鍮の棒に馬が動かされている、ということを強調しているのかな。

⑲ 父親は人生にくたびれてしまっているはずなのに。きっと無理をしてチサを楽しませようとしているんだな。

⑳ 明るいのはチサだけ……。チサ親子を取り囲む暗い状況と、何にも知らないチサの無邪気さのコントラストが際立つ表現だな。

海へいくには、いったん街まで戻らなければならなかった。街でバスを降りると、近くのレストランへ入って二階に上がった。そのレストランは、驚いたことに壁が鏡になっていて、チサは初めて自分の目で盛装した自分の姿を見ることができた。㉑帽子を脱ぐと、前髪が汗で額に貼りついていた。随分歩いたので、すっかり腹が空いていた。

なんでも好きなものをと父親にいわれて、チサは、オムライスと、フルーツサラダと、チョコレートパフェをとって、別に父親と二人でピッザというのを一《ひと》皿とった。㉒父親の方は、食欲がなくて、ピッザを肴《さかな》に珍しくビールを、見る見る目のまわりを赤くしながら一本だけ飲んだ。

「ほかになにか食べたいものはないか？　海の空気はおなかが空《す》くよ。」

父親はしきりにそういったが、㉓そんなに食べられるものではない。チサは腹がくちくなって、タクシーのなかでうとうとしたが、浜でひんやりとした潮風に当たると、忽《たちま》ち眠気が醒めてしまった。浜といっても、矢ノ浦の海岸はほとんどごつごつとした岩浜ばかりで、ところどころに断崖《だんがい》が高く切り立っている。㉔チサは、そこでも父親に手を引かれて、随分歩いた。父親は、めっきり口数がなくなって、どこへいくでもなく、なにを見るでもなく、探しものでもしているように時々立ち止まってはあたりを見回しながら、ただ黙々と歩いていた。

苦しくなって

陽《ひ》が裏山に隠れてしまうと、浜は急に薄暗くなって、風が冷たさを増した。㉕チサは淋《さび》しくなって父親に話しかけたが、父親は(ウ)生返事しかしてくれない。それでも、不意に波しぶきを浴びたりして、「父ちゃん、こわい。」というと、昼に動物園でそうしたように手を強

そりゃそうだろう……

㉑ そういえば今日のチサは白ずくめだった。

㉒ けっして裕福ではないはずなのに、ずいぶん豪華な食事だな。これはきっと……。

㉓ やけに食事をすすめるな。遊園地でも存分に遊ばせ、レストランでも存分に食べさせ……。もしかして、これは最後の食事……？

㉔ 人生にくたびれてしまった父親に連れてこられたのが、断崖が切り立ってる岩浜……。嫌な予感しかしない……。

㉕ なんだか不吉な描写だな……。

く握り返して、「こわくない。父ちゃんと一緒なら、どんなところへいったってこわくない。」と、叱《しか》るように父親はいった。

「どんなところへいったって」って……

それにしても、父親にしっかりと抱かれたまま細い坂道を登り詰めて、茨《いばら》のなかを漕《こ》ぐようにして崖縁《がけぶち》の方へ近寄ったときは、㉖チサはやっぱりこわくて踠《もが》き出しそうになった。

「父ちゃん、こわい。」

「(C)こわくない。父ちゃんも一緒だ。」

「……こわい。」

「こわくない。」

それでもこわくて、のけぞると、暮れ方の空に白く光っている一番星が目に入って、

「あ、母ちゃん」チサは思わずそういった。「母ちゃんが、あそこで見てる。㉗」

父親は、急に立ち止まった。チサは黙って一番星を指さして見せた。父親は肩で大きな吐息をした。㉘それから、チサは、急に弛《ゆる》んだ父親の腕の輪から抜け落ちて、茨のなかに尻餅《しりもち》をついた。㉙

その晩、もう帰りの汽車には間に合わなくて、仕方なく泊まることになった浜の旅館で、チサは、おかしな夢を見た。仄暗《ほのぐら》い野原のようなところをひとりで歩いていると、昼に遊んだメリー・ゴー・ラウンドの木馬たちが、蹄《ひづめ》の音も軽やかにあとを追いかけてくる夢㉚である。

「あら、どうしたの？」

と立ち止まると、十二頭の木馬たちはチサを取り囲むようにぐるりと鼻面を並べて、

㉖ ……やっぱり心中するつもりか……辛すぎる……。

㉗ チサは父親から「母ちゃんはお星さまになっていつもお前を見守ってくれているよ」というようなことを言われていたんだろう。

㉘ 「母ちゃん」の見ている前で娘を道連れにして死ぬわけにはいかない……。

㉙ 危なかった……。死を決意した父親はきっと全身を硬く強張らせていたんだろう。それがチサの言葉によって、一気に脱力してしまったんだな。

㉚ パッカパッカと楽しそうな様子。

ゆっくりゆっくり近づいてくる。

「そうか、逃げてきたのね、あんたたち。」

そういっても、木馬たちは黙っている。

「どうして逃げてきたの？時々こうして遊びに出るの？でも、どうやってあの真鍮の棒から外れてきたの？」㉛

つづけざまにそう訊いても、黙っている。黙ったまま、木馬たちはだんだん鼻面の輪を縮めてきて、最初の鼻息が頰《ほお》に触れたところで、チサは目醒めた。すると、思いがけなく、父親の顔がすぐ目の前に見えた。㉜あ、父ちゃん、というと、その顔が忽ち遠退《とおの》いた。起き上がってみると、父親は、浴衣の前をはだけて枕許《まくらもと》にあぐらをかいていた。㉝

「……馬は？」

と、チサはあたりを見回していった。

「馬？」

「ほら、遊園地の。」

「……ああ、メリー・ゴー・ラウンドの木馬か。」

「いまここにいたんだけど。」

「そんなものはいやしないよ。夢を見たんだろう。」

けれども、そういう父親のすっかり血の気の失せた顔も、チサには夢に出てきた木馬たちとおなじくらい不思議に思えて、

「父ちゃんは？　なにしてたの？」

㉛ 真鍮の棒から外れて自由になった木馬。ということは真鍮の棒に貫かれていたメリー・ゴー・ラウンドの木馬は、「自由のない人生」の象徴だろうか。

㉜ 寝ているチサの目の前に父親の顔があるということは、父親はチサに覆いかぶさるような恰好になっているということか？　一体なにを……？

㉝ なぜ浴衣の前をはだけているんだ？

「俺か。俺は、いま、寝るところだ。」

父親は、そそくさと浴衣の前を掻《か》き合わせながら、ぎごちなく[*4]そういうと、手に持っていた細い帯を急いで腰に巻きつけて、㉞

「消すよ。」

スタンドのスイッチを切ってから隣の寝床へ這《は》うようにしてもぐり込んだ。それきり、いつまでも寝息がきこえない。遠くで雷が鳴っている、と思ったのは、岩浜に砕ける波の音であった。チサは、すっかり目が冴《さ》えてしまった。

「父ちゃん、そっちへいっていい?」

返事がないのは、好きにしろという合図だとチサは思い、這い出していって、父親の背中の蔭《かげ》に滑り込んだ。すると、父親の顫《ふる》えがすぐに伝わってきた。父親の、肩と背中がひどく顫えていた。㉟

「父ちゃん、寒いの?」

今度も返事はなかったが、こんな真夜中に、浴衣の前をはだけて畳の上にあぐらをかいていたりするからだと、チサは思った。㊱ (D)それから、死んだ母親が冬の寒い晩などによくそうしてくれたように、父親の顫える背中に自分の軀の前をぴったりと貼りつけるようにして、チサは目をつむった。

＊4 **ぎごちなく**…「ぎこちなく」と同じ。物事の進め方が自然さを欠くさま。

㉞ 細い帯……! 浴衣の前をはだけていたのは、帯を自分の手に持っていたからだ。手に細い帯を持ってチサに覆いかぶさるようにしていたということは、チサを絞め殺すつもりだったのか……。そしてその後に自分も死ぬつもりだったんだろう。自らの手で愛する我が子を殺《あや》める親の気持ち……。想像するだけで辛い……。

㉟ 父ちゃんふるえている……。きっと声を押し殺して泣いているんだろう……。

㊱ チサの無邪気な勘違いが涙を誘う……。

❷ 解答・解説

いかがでしたか？　今回の文章は、三浦哲郎《てつお》『メリー・ゴー・ラウンド』の末尾の一節でした。『木馬の騎手』という短編集の最後に収められている作品です。人生に疲れ、無理心中（一緒に死ぬ意志のない者を殺して自分も死ぬこと）を図《はか》ろうとする父親との一日が、何も知らない無邪気なチサの視点で描かれています。もしかしたら、父親が無理心中を図ろうとしていることに気付かなかった人もいるかもしれません。でも、小説家は、ちゃんと読者が気付くような仕掛けをたくさん施《ほどこ》しています。まだ脳内活動を読んでいない人は、《全文解釈》の本文の赤線を引っ張ったところに気を付けながら読んでみてください。

父親が心中を図ろうとしていることに気が付くと、色々なことが腑《ふ》に落ちます。リード文の「白い帽子、白いワンピース、白い靴」というのは、亡くなった人に着せる白装束（死装束）を娘に着せてあげられない父親が、あらかじめ娘に着させたものでしょう。「家のなかをきちんと片付けてチサを寝かせ」たあと、父親が「くしゅん、くしゅん」と鼻を鳴らしながら書いていた手紙は、きっと遺書でしょう。遊園地やレストランで、父親が奮発《ふんぱつ》してぜいたくをさせるのは、せめて死ぬ前に楽しい思いをさせてやりたい、美味しいものを腹いっぱい食べさせてやりたい、という思いからでしょう。

我が子を道連れにして死に向かおうとする父親の内面は、そう簡単に言葉で表せるようなものではありません。だから小説家は、チサの内面は描くけれども父親の内面は一切描かない。そこは読者の想像力に委《ゆだ》ねられているのです。もし、父親の内面が描かれていたとしたら、この小説は、つまらない作品に堕《だ》していたと思います。

問一　語句の意味を問う知識問題です。まず「辞書的な意味」で選びます。それでも一つに絞れない場合は文脈から推測します。「辞書的な意味」を知らない場合は、文脈から推測するよりほかありませんが、そうするとひっかけ選択肢を選ぶリスクが高まります。地道に語彙を増やしましょう。豊かな語彙は、受験のためばかりでなく、人生をも豊かにします。

(ア)「もたげる」の意味は〈もちあげる〉。正解は③。③の選択肢の「今まで下げていた」という部分が気にかかる人もいるかもしれませんが、傍線部(ア)の直前を見ると、「首をもたげて」は、足音を聞きつけた動物たちがチサたちを見るためにとった動作だとわかるので、文脈から考えても納得がいきます。

(イ)「呆気ない」の意味は〈物事の結果が思っていたより大したことが無くて、物足りないさま〉。「済む」の意味は〈終わる・解決がつく〉ですから、正解は③です。

(ウ)「生返事」の意味は〈いい加減な受け答え・気のない返事〉。正解は②です。⑤は「突き放した返事」が誤り。「突き放す」は〈ことさらに冷たく扱う〉という意味なので、「生返事」の〈いい加減な受け答え〉とは少し違います。

問二　表現の効果を問う問題です。**設問文に「本文全体をふまえると」とあるので、この問題は最後まで読んでから解くべきです。**このような設問文中のヒントは見落とさないようにしましょう。

先ほども触れましたが、チサの白ずくめの格好は、実は「あらかじめ着せられた白装束」、つまり死出《しで》の旅に向かう者の服装です。

もちろん事情を知らないウェートレスは、そうは思いません。そこで「あら綺麗、ウェディングドレスみたいね」と、他意《たい》なく(悪気なく)声を掛けた。死者の衣装を、晴れがましい結婚式の衣装だと捉えたわけです。これは、事情を理解した読者からすれば、非常に大きなコントラスト(対比・対照)であり、その落差が大きい分、チサの置かれた悲しい状況が際立ちます。そのような内容を表現しているのは、①の「チサの将来を陰惨に印象づける効果」と、⑤の「チサの哀れな境遇を痛切に印象づける効果」の二つだけです。そのうち①は前半の「今後を見越したかのような嫌み」は誤りなので(ウェートレスの発言を「嫌み」と取ることのできる根拠は一切ないので)、正解は⑤です。ちなみに②の「冷やかしめいた言葉」、④の「あからさまな世辞(おせじ)」も×。③は、後半部分「チサの大人びた〜印象づける効果」が×。これでは「本文全体をふまえた説明」とはいえません。

少し差がつく問題だったのではないでしょうか。正解を選べた人は自信を持って良いと思います。

問三　セリフに込められた心情を読み取る問題です。そのセ

10

リフが発せられた状況、文脈から、「どのような言い方をしているか」を想像してみましょう。書かれた文字から、肉声を立ち上げるイメージです。

傍線部Ⓑの「こわくなんかないさ。父ちゃんが一緒だろう?」と、傍線部Ⓒの「こわくない。父ちゃんも一緒だ。」は、意味内容だけをとれば、ほとんど同じことを言っています。しかし言い方はだいぶ違うのではないでしょうか。傍線部Ⓑは、動物園における言葉ですが、傍線部Ⓒは崖の上で、今から投身自殺を遂《と》げようとするところで発せられた言葉です。したがって傍線部Ⓒの「こわくない」には、なんとか必死に自分に言い聞かせるようなニュアンスが含まれているはずです。父ちゃんもこわいのです。こわくないはずがないのです。そのように読み取れれば、正解は②しかありません。ほかの選択肢は、いずれも傍線部Ⓒの言葉の説明に、「恐怖と戦う自分自身にも向けられた言葉」というニュアンスが含まれていません。

問四 行動から心情を読み取る問題です。脳内活動のところで触れたとおり、ここで父親は声を押し殺して泣いています。その父親の背中の顫《ふる》えを、チサは「父ちゃんは寒くて

ふるえているんだ」と勘違いし、父親の背中に自分の軀の前をぴったりと貼り付けるようにして、暖めてあげようとしています。チサ風に言えば、「まったくもう、しょうがないなあ父ちゃんは。母ちゃんがやってくれたみたいにあっためてあげよう」というところでしょうか。そして、この勘違いにもとづくチサの行動が、チサの体温が、おそらく、結果として、死に向かおうとしていた父親を、もう一度、生の方に向かわせるのでしょう。

各選択肢を見ていきます。

選択肢①は、「チサに家族の一員としての自覚が芽生えている」が誤り。「この時のチサについての説明」としてもおかしいし、そもそも、チサに家族の一員としての自覚がなかったとは思えません。

②は「チサの心に忍耐力が備わり始めている」が誤り。

③は「チサの意識から父親の存在が薄れつつある」が誤り。この場面では、チサの意識は父親に向けられています。

④は×にするところがありません。正解。

⑤は少し迷うかもしれませんが、「うちしおれている父親を介抱しており」の部分が明確な誤りです。チサは「寒さに顫《ふる》えている父親」を温めてあげようとしているのであっ

て、「うちしおれている（しょんぼりしている）父親」を介抱しているわけではありません。また、「母親のような感情が強まりつつある」では、父親を自分の子どものように捉えていることになってしまいます。その点もおかしい。チサは、死んだ母ちゃんが生前自分にしてくれた行為を父親にしてあげているだけで、母親的感情が強まっているわけではありません。

問五　象徴表現の理解を問う問題です。象徴表現とは、簡単にいえば「何らかの深い意味を含んだ表現」のことです。ここで聞かれているのは「メリー・ゴー・ラウンド」。タイトルにもなっているくらいですから、ここには何らかの意味が込められているのではないか、と考えます。ただ、どのような意味が込められているのかは、作者によってはっきりと示されているわけではないので、選択肢の判断基準は「本文に書かれている内容か否《いな》か（そうでないか）」ではなく、「可能な解釈か否か」とすべきです。本文にはっきりと書かれていなくても、本文の内容と矛盾することのない解釈であれば、それは「可能な解釈」であり、○になります。一方、本文の内容と矛盾する解釈は、「誤った解釈」であり、×です。では選択肢を一つずつ見ていきましょう。

①の前半は、誤っているとはいえません。そうかもしれない。つまり可能な解釈です。しかし、後半の「～でこわい思いをさせる父親の行動」は誤った解釈です。チサは何にも気付いていません。したがって父親の行動に対して「こわい思い」はしていないはずです。

②の前半は判断に迷うところですが、「死にたいという気持ち」という部分は×ではないでしょうか。父親は「死にたい」と願っているのではなく「死ぬしかない」と思い詰めているのです。また、後半の「幼いチサにとっては」も×。チサは何も気付いていないわけですから、少なくともチサにとっては、メリー・ゴー・ラウンドは不吉な運命の象徴ではありません。

③の前半は可能な解釈の範囲に収まるといえるのではないでしょうか。「真鍮の棒に背中を縦に貫かれた木馬」が「真鍮の棒ごと、ゆっくり上がったり下がったり」しながら同じ軌道を回り続ける、そういうメリー・ゴー・

ラウンドの描写が、「自分ではどうしようもない運命に翻弄される親子」を表しているという解釈は、誤った解釈とはいえません。また、選択肢の後半も可能な解釈の範囲でしょう。母親を亡くした幼いチサが、満ち足りた思い通りの日々を暮らしているとはとても思えません。もしかしたら、「思うようにいかない日々の暮らしからの解放や逸脱を望む気持ち」という表現に対して、幼いチサがそんな難しい表現をするわけがないじゃないか、と思う人もいるかもしれませんが、これを「チサの言葉にならない思い」を代弁した表現だと捉えれば、×とはいえません。

④の前半の「最初は投げやりで漠然とした気持ちから」という部分は誤った解釈です。チケットを七回分も買ったのは、最初から「死ぬ前にせめて目一杯楽しませてやりたい」という思いがあったからでしょう。また後半の「二回目からは自分が乗ることによって娘と楽しんでいくようになる父親自身の心情変化」という部分も誤りです。今から心中しようとしている父親が、メリー・ゴー・ラウンドを楽しんでいるとは考えにくい。それよりも、娘を楽しませるために、無理をして楽しんでいるフリをしている、と考えた方がつじつまが合います。

⑤は前半の「現実と夢の世界の間を往還（行ったり来たり）」が誤りです。また、後半もおかしい。本文の「チサの笑い声が、人気《ひとけ》のないメリー・ゴー・ラウンドのまわりに響いた」という表現を誤って解釈してしまっています。遊園地で一人の子どもの笑い声だけが響いているというのは異様な状況です。それくらい、まわりは静まり返っている。つまり、この表現は、「何も知らないチサ」と「チサを取り巻く暗い状況」を対比してるのであって、「親子のつかみ取りたい明るい未来」を表しているわけではありません。

以上から、正解は③になります。これはかなり難しい。気を付けてほしいのは、「あなたの解釈に合うものを選べ」という問題ではない、ということです。「自分は③のような解釈をしなかったけれども、③も確かに間違っているとはいえないな」と思えるかどうか。「可能な解釈か否か」というのはそういうことです。

問六 文章中の叙述に関する問題です。適当なものを二つ選びます。

①は特に問題ありません。チサが保育園児だというのも

62行目に書いてありましたね。適当。

②は少し迷いますが、「幼いチサの目を通して」という表現は疑問です。ここはチサの目を通して語られた部分というより、地の文の説明と見るべきでしょう。チサは父親の置かれている状況の深刻さをあまり理解していない。だからこそ、無邪気な勘違いをし続けるのです（それが「救い」にもなるわけですが）。不適当。

③は適当。この小説の表現上の特色を正しく説明しています。

④は不適当。問五の④でも触れましたが、メリー・ゴー・ラウンドに乗っている場面の父親は、自分が楽しんでいるのではなく、チサを楽しませようとしています。また「不幸な境遇をはねのけようとする意志」も、その後の父親の行動と矛盾します。

⑤は不適当。「チサの内面を鮮明に印象づける効果」ではなく、「チサの置かれた境遇を鮮明に印象づける効果」でしょう。

⑥は「父親とチサの間にある信頼関係が薄れつつあることが強調されている」が誤り。120〜123行目の父親の描写は、「あ、母ちゃん」「母ちゃんが、あそこで見てる。」というチサの言葉によって、ハッと我に返り死を思いとどまった父親の、だらんと力が抜けてしまったような状態を表しています。不適当。

というわけで正解は①と③。間違い選択肢のどこが誤りなのか、不適当な部分に線を引いて×をつけるクセを付けましょう。

【解答欄】

問一（各3点）	(ア) ③　(イ) ③　(ウ) ②
問二（7点）	⑤
問三（8点）	②
問四（8点）	④
問五（8点）	③
問六（各5点）	①・③

10

【訂正のお知らせはコチラ】

本書の内容に万が一誤りがございました場合は，東進WEB書店（https://www.toshin.com/books/）の本書ページにて随時お知らせいたしますので，こちらをご確認ください。☞

大学受験 レベル別問題集シリーズ

新・現代文レベル別問題集① 超基礎編

発行日：二〇二一年一二月一〇日 初版発行
二〇二四年 九月 六日 第六版発行

著 者：輿水淳一 西原剛
発行者：永瀬昭幸
発行所：株式会社ナガセ
〒180-0003 東京都武蔵野市吉祥寺南町一-二九-二
出版事業部（東進ブックス）
TEL：0422-70-7456／FAX：0422-70-7457
www.toshin.com/books

編集担当：八重樫清隆
DTP・編集：大木誓子
本文イラスト：Colli
動画加工・編集：㈱スタジオサンダンス
装丁：東進ブックス編集部
印刷・製本：シナノ印刷㈱

Printed in Japan ISBN978-4-89085-888-0 C7381

東進ブックス

合格の秘訣1 全国屈指の実力講師陣

東進の実力講師陣 数多くのベストセラー参考書を執筆!!

東進ハイスクール・東進衛星予備校では、そうそうたる講師陣が君を熱く指導する!

本気で実力をつけたいと思うなら、やはり根本から理解させてくれる一流講師の授業を受けることが大切です。東進の講師は、日本全国から選りすぐられた大学受験のプロフェッショナル。何万人もの受験生を志望校合格へ導いてきたエキスパート達です。

英語

雑誌『TIME』やベストセラーの翻訳も手掛け、英語界でその名を馳せる実力講師。

宮崎 尊先生
[英語]

爆笑と感動の世界へようこそ。「スーパー速読法」で難解な長文も速読即解!

渡辺 勝彦先生
[英語]

100万人を魅了した予備校界のカリスマ。抱腹絶倒の名講義を見逃すな!

今井 宏先生
[英語]

本物の英語力をとことん楽しく!日本の英語教育をリードするMr.4Skills.

安河内 哲也先生
[英語]

関西の実力講師が、全国の東進生に「わかる」感動を伝授。

慎 一之先生
[英語]

全世界の上位5%(PassA)に輝く、世界基準のスーパー実力講師!

武藤 一也先生
[英語]

いつのまにか英語を得意科目にしてしまう、情熱あふれる絶品授業!

大岩 秀樹先生
[英語]

数学

明快かつ緻密な講義が、君の「自立した数学力」を養成する!

寺田 英智先生
[数学]

「ワカル」を「デキル」に変える新しい数学は、君の思考力を刺激し、数学のイメージを覆す!

松田 聡平先生
[数学]

論理力と思考力を鍛え、問題解決力を養成。多数の東大合格者を輩出!

青木 純二先生
[数学]

数学を本質から理解し、あらゆる問題に対応できる力を与える珠玉の名講義!

志田 晶先生
[数学]

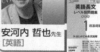

国語

ビジュアル解説で古文を簡単明快に解き明かす実力講師。

富井 健二先生
［古文］

東大・難関大志望者から絶大なる信頼を得る本質の指導を追究。

栗原 隆先生
［古文］

明快な構造板書と豊富な具体例で必ず君を納得させる！「本物」を伝える現代文の新鋭。

西原 剛先生
［現代文］

「脱・字面読み」トレーニングで、「読む力」を根本から改革する！

輿水 淳一先生
［現代文］

文章で自分を表現できれば、受験も人生も成功できますよ。「笑顔と努力」で合格を！

石関 直子先生
［小論文］

小論文、総合型、学校推薦型選抜のスペシャリストが、君の学問センスを磨き、執筆プロセスを直伝！

正司 光範先生
［小論文］

幅広い教養と明解な具体例を駆使した緩急自在の講義。漢文が身近になる！

寺師 貴憲先生
［漢文］

縦横無尽な知識に裏打ちされた立体的な授業に、グングン引き込まれる！

三羽 邦美先生
［古文・漢文］

理科

「いきもの」をこよなく愛する心が君の探究心を引き出す！生物の達人。

飯田 高明先生
［生物］

「なぜ」をとことん追究し「規則性」「法則性」が見えてくる大人気の授業！

立脇 香奈先生
［化学］

化学現象を疑い化学全体を見通す"伝説の講義"は東大理三合格者も絶賛。

鎌田 真彰先生
［化学］

正しい道具の使い方で、難問が驚くほどシンプルに見えてくる！

宮内 舞子先生
［物理］

地歴公民

世界史を「暗記」科目だなんて言わせない。正しく理解すれば必ず伸びることを一緒に体感しよう。

加藤 和樹先生
［世界史］

"受験世界史に荒巻あり"と言われる超実力人気講師！世界史の醍醐味を。

荒巻 豊志先生
［世界史］

つねに生徒と同じ目線に立って、入試問題に対する的確な思考法を教えてくれる。

井之上 勇先生
［日本史］

歴史の本質に迫る授業と、入試頻出の「表解板書」で圧倒的な信頼を得る！

金谷 俊一郎先生
［日本史］

「今」を知ることは「未来」の扉を開くこと。受験に留まらず、目標を高く、そして強く持て！

執行 康弘先生
［公民］

政治と経済のメカニズムを論理的に解明しながら、入試頻出ポイントを明確に示す。

清水 雅博先生
［公民］

わかりやすい図解と統計の説明に定評。

山岡 信幸先生
［地理］

どんな複雑な歴史も難問も、シンプルな解説で本質から徹底理解できる。

清水 裕子先生
［世界史］

※書籍画像は2024年7月末時点のものです。

合格の秘訣2

ココが違う 東進の指導

01 人にしかできない やる気を引き出す指導

夢と志は志望校合格への原動力！

東進では、将来を考えるイベントを毎月実施しています。夢・志は大学受験のその先を見据える、学習のモチベーションとなります。仲間とワクワクしながら将来の夢・志を考え、さらに志を言葉で表現していく機会を提供します。

夢・志を育む指導

受験は団体戦！ 仲間と努力を楽しめる

東進ではチームミーティングを実施しています。週に1度学習の進捗報告や将来の夢・目標について語り合う場です。一人じゃないから楽しく頑張れます。

チーム制

一人ひとりを大切に 君を個別にサポート

東進が持つ豊富なデータに基づき君だけの合格設計図をともに考えます。熱誠指導でどんな時でも君のやる気を引き出します。

担任指導

現役合格者の声

東京大学 文科一類
中村 誠雄くん
東京都 私立 駒場東邦高校卒

林修先生の現代文記述・論述トレーニングは非常に良質で、大いに受講する価値があると感じました。また、担任指導やチームミーティングは心の支えでした。現状を共有でき、話せる相手がいることは、東進ならではで、受験という本来孤独な闘いにおける強みだと思います。

02 人間には不可能なことを AIが可能に

学力×志望校 一人ひとりに最適な演習を AIが提案！

東進のAI演習講座は2017年から開講していて、のべ100万人以上の卒業生の、200億題にもおよぶ学習履歴や成績、合否等のビッグデータと、各大学入試を徹底的に分析した結果等の教務情報をもとに年々その精度が上がっています。2024年には全学年にAI演習講座が開講します。

AI演習

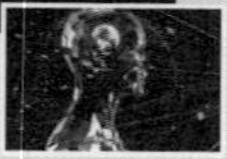

現役合格者の声

千葉大学 医学部医学科
寺嶋 伶旺くん
千葉県立 船橋高校卒

高1の春に入学しました。野球部と両立しながら早くから勉強をする習慣がついていたことは僕が合格した要因の一つです。「志望校別単元ジャンル演習講座」は、AIが僕の苦手を分析して、最適な問題演習セットを提示してくれるため、集中的に弱点を克服することができました。

AI演習講座ラインアップ

高3生 苦手克服＆得点力を徹底強化！

「志望校別単元ジャンル演習講座」
「第一志望校対策演習講座」
「最難関4大学特別演習講座」

高2生 大学入試の定石を身につける！

「個人別定石問題演習講座」

高1生 素早く、深く基礎を理解！

「個人別基礎定着問題演習講座」 2024年夏 新規開講

03 本当に学力を伸ばすこだわり

楽しい！わかりやすい！そんな講師が勢揃い

わかりやすいのは当たり前！おもしろくてやる気の出る授業を約束します。1・5倍速×集中受講の高速学習。そして、12レベルに細分化された授業を組み合わせ、スモールステップで学力を伸ばす君だけのカリキュラムをつくります。

実力講師陣

英単語1800語を最短1週間で修得！

基礎・基本を短期間で一気に身につける「高速マスター基礎力養成講座」を設置しています。オンラインで楽しく効率よく取り組めます。

高速マスター

パーフェクトマスターのしくみ

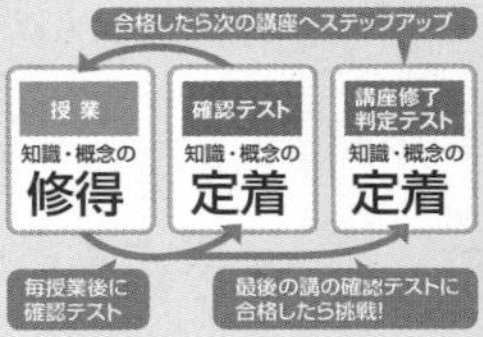

本番レベル・スピード返却 学力を伸ばす模試

常に本番レベルの厳正実施。合格のために何をすべきか点数でわかります。WEBを活用し、最短中3日の成績表スピード返却を実施しています。

東進模試

現役合格者の声

早稲田大学 基幹理工学部
津行 陽奈さん
神奈川県 私立 横浜雙葉高校卒

私が受験において大切だと感じたのは、長期的な積み重ねです。基礎力をつけるために「高速マスター基礎力養成講座」や授業後の「確認テスト」を満点にすること、模試の復習などを積み重ねていくことでどんどん合格に近づき合格することができたと思っています。

君の高校の進度に合わせて学習し、定期テストで高得点を取る！

ついに登場！

高等学校対応コース

目指せ！「定期テスト」20点アップ！
「先取り」で学校の勉強がよくわかる！

楽しく、集中が続く、授業の流れ

1. 導入

授業の冒頭では、講師と担任助手の先生が今回扱う内容を紹介します。

2. 授業

約15分の授業でポイントをわかりやすく伝えます。要点はテロップでも表示されるので、ポイントがよくわかります。

3. まとめ

授業が終わったら、次は確認テスト。その前に、授業のポイントをおさらいします。

合格の秘訣3

東進模試

申込受付中

※お問い合わせ先は付録7ページをご覧ください。

学力を伸ばす模試

本番を想定した「厳正実施」
統一実施日の「厳正実施」で、実際の入試と同じレベル・形式・試験範囲の「本番レベル」模試。
相対評価に加え、絶対評価で学力の伸びを具体的な点数で把握できます。

12大学のべ42回の「大学別模試」の実施
予備校界随一のラインアップで志望校に特化した"学力の精密検査"として活用できます（同日・直近日体験受験を含む）。

単元・ジャンル別の学力分析
対策すべき単元・ジャンルを一覧で明示。学習の優先順位がつけられます。

最短中5日で成績表返却 WEBでは最短中3日で成績を確認できます。※マーク型の模試のみ

合格指導解説授業 模試受験後に合格指導解説授業を実施。重要ポイントが手に取るようにわかります。

2024年度

東進模試 ラインアップ

共通テスト対策

- 共通テスト本番レベル模試 全4回
- 全国統一高校生テスト〈全学年統一部門〉〈高2生部門〉〈高1生部門〉 全2回

同日体験受験

- 共通テスト同日体験受験 全1回

記述・難関大対策

- 早慶上理・難関国公立大模試 全5回
- 全国有名国公私大模試 全5回
- 医学部82大学判定テスト 全2回

基礎学力チェック

- 高校レベル記述模試〈高2〉〈高1〉 全2回
- 大学合格基礎力判定テスト 全4回
- 全国統一中学生テスト〈全学年統一部門〉〈中2生部門〉〈中1生部門〉 全2回
- 中学学力判定テスト〈中2生〉〈中1生〉 全4回

※ 2024年度に実施予定の模試は、今後の状況により変更する場合があります。
最新の情報はホームページでご確認ください。

大学別対策

- 東大本番レベル模試 全4回
- 高2東大本番レベル模試 全4回
- 京大本番レベル模試 全4回
- 北大本番レベル模試 全2回
- 東北大本番レベル模試 全2回
- 名大本番レベル模試 全3回
- 阪大本番レベル模試 全3回
- 九大本番レベル模試 全3回
- 東工大本番レベル模試[第1回] 東京科学大本番レベル模試[第2回] 全2回
- 一橋大本番レベル模試 全2回
- 神戸大本番レベル模試 全2回
- 千葉大本番レベル模試 全1回
- 広島大本番レベル模試 全1回

同日体験受験

- 東大入試同日体験受験 全1回
- 東北大入試同日体験受験 全1回
- 名大入試同日体験受験 全1回

直近日体験受験 各1回

- 京大入試 直近日体験受験
- 北大入試 直近日体験受験
- 阪大入試 直近日体験受験
- 九大入試 直近日体験受験
- 東京科学大入試 直近日体験受験
- 一橋大入試 直近日体験受験

2024年 東進現役合格実績

受験を突破する力は未来を切り拓く力!

東大現役合格実績日本一※1 6年連続800名超!

現役生のみ! 講習生を含まず!

※1 2023年東大現役合格実績をホームページ・パンフレット・チラシ等で公表している予備校の中で最大(2023年JDnet調べ)。

東大834名

文科一類 118名　理科一類 300名
文科二類 115名　理科二類 121名
文科三類 113名　理科三類 42名
学校推薦型選抜 25名

全現役合格者に占める東進生の割合

2024年の東大全体の現役合格者は2,284名。東進の現役合格者は834名。東進生の占有率は36.5%。現役合格者の2.8人に1人が東進生です。

学校推薦型選抜も東進!

東大25名

学校推薦型選抜 現役合格者の27.7%が東進生!

推薦入試でも東進生現役占有率 27.7%

法学部	4名	工学部	8名
経済学部	1名	理学部	4名
文学部	1名	薬学部	2名
教育学部	1名	医学部医学科	1名
教養学部	3名		

京大493名 昨対+21名

総合人間学部	23名	医学部人間健康科学科	20名
文学部	37名	薬学部	14名
教育学部	10名	工学部	161名
法学部	56名	農学部	43名
経済学部	49名	特色入試(上記に含む)	24名
理学部	52名		
医学部医学科	28名		

早慶5,980名 昨対+239名

早稲田大 3,582名 史上最高!※2

政治経済学部	472名
法学部	354名
商学部	297名
文化構想学部	276名
理工3学部	752名
他	1,431名

慶應義塾大 2,398名 史上最高!※2

法学部	290名
経済学部	368名
商学部	487名
理工学部	576名
医学部	39名
他	638名

医学部医学科 1,800名 昨対+9名

国公立医・医 1,033名 防衛医科大学校を含む
私立医・医 767名 史上最高!※2

国公立医・医1,033名 防衛医科大学校を含む

東京大 43名 / 名古屋大 28名 / 筑波大 21名 / 横浜市立大 14名 / 神戸大 30名
京都大 28名 / 大阪大 23名 / 千葉大 25名 / 浜松医科大 19名 / その他国公立医・医 700名
北海道大 18名 / 九州大 23名 / 東京医科歯科大 21名 / 大阪公立大 12名
東北大 28名

私立医・医 767名 昨対+40名 史上最高!※2

自治医科大 32名 / 慶應義塾大 39名 / 東京慈恵会医科大 30名 / 関西医科大 49名 / その他私立医・医 443名
国際医療福祉大 80名 / 順天堂大 52名 / 日本医科大 42名

旧七帝大+東工大・一橋大・神戸大 4,599名

東京大 834名 / 東北大 389名 / 九州大 487名 / 一橋大 219名
京都大 493名 / 名古屋大 379名 / 東京工業大 219名 / 神戸大 483名
北海道大 450名 / 大阪大 646名

上理明青立法中 21,018名

上智大 1,605名 / 青山学院大 2,154名 / 法政大 3,833名
東京理科大 2,892名 / 立教大 2,730名 / 中央大 2,855名
明治大 4,949名

国公立大16,320名

※2 史上最高…東進のこれまでの実績の中で最大。

国公立 総合・学校推薦型選抜も東進!

旧七帝大+東工大・一橋大・神戸大 434名

国公立医・医 319名

東京大 25名 / 大阪大 57名
京都大 24名 / 九州大 38名
北海道大 24名 / 東京工業大 30名
東北大 119名 / 一橋大 10名
名古屋大 65名 / 神戸大 42名

国公立大学の総合型・学校推薦型選抜の合格実績は、指定校推薦を除く、早稲田塾を含まない東進ハイスクール・東進衛星予備校の現役生のみの合同実績です。

関関同立13,491名

関西学院大 3,139名 / 同志社大 3,099名 / 立命館大 4,477名
関西大 2,776名

日東駒専9,582名

日本大 3,560名 / 東洋大 3,575名 / 駒澤大 1,070名 / 専修大 1,377名

産近甲龍6,085名

京都産業大 614名 / 近畿大 3,686名 / 甲南大 669名 / 龍谷大 1,116名

ウェブサイトでもっと詳しく 東進 検索

2024年3月31日締切

各大学の合格実績は、東進ネットワーク(東進ハイスクール、東進衛星予備校、早稲田塾)の現役生のみ、高3時在籍者のみの合同実績です。一人で複数合格した場合は、それぞれの合格者数に計上しています。

東進へのお問い合わせ・資料請求は
東進ドットコム www.toshin.com
もしくは下記のフリーコールへ！

ハッキリ言って合格実績が自慢です！ 大学受験なら、

東進ハイスクール 0120-104《トーシン》-555《ゴーゴーゴー》

●東京都

［中央地区］

□市ヶ谷校	0120-104-205
□新宿エルタワー校	0120-104-121
＊新宿校大学受験本科	0120-104-020
高田馬場校	0120-104-770
□人形町校	0120-104-075

［城北地区］

赤羽校	0120-104-293
本郷三丁目校	0120-104-068
茗荷谷校	0120-738-104

［城東地区］

綾瀬校	0120-104-762
金町校	0120-452-104
亀戸校	0120-104-889
□★北千住校	0120-693-104
錦糸町校	0120-104-249
□豊洲校	0120-104-282
西新井校	0120-266-104
西葛西校	0120-289-104
船堀校	0120-104-201
門前仲町校	0120-104-016

［城西地区］

□池袋校	0120-104-062
大泉学園校	0120-104-862
荻窪校	0120-687-104
高円寺校	0120-104-627
石神井校	0120-104-159
□巣鴨校	0120-104-780
成増校	0120-028-104
練馬校	0120-104-643

［城南地区］

大井町校	0120-575-104
蒲田校	0120-265-104
五反田校	0120-672-104
三軒茶屋校	0120-104-739
□渋谷駅西口校	0120-389-104
下北沢校	0120-104-672
□自由が丘校	0120-964-104
□成城学園前駅校	0120-104-616
千歳烏山校	0120-104-331
千歳船橋校	0120-104-825
都立大学駅前校	0120-275-104
中目黒校	0120-104-261
□二子玉川校	0120-104-959

［東京都下］

□吉祥寺南口校	0120-104-775
国立校	0120-104-599
国分寺校	0120-622-104
□立川駅北口校	0120-104-662
田無校	0120-104-272
□調布校	0120-104-305
八王子校	0120-896-104
東久留米校	0120-565-104
府中校	0120-104-676
□★町田校	0120-104-507
三鷹校	0120-104-149
武蔵小金井校	0120-480-104
武蔵境校	0120-104-769

●神奈川県

青葉台校	0120-104-947
厚木校	0120-104-716
川崎校	0120-226-104
湘南台東口校	0120-104-706
新百合ヶ丘校	0120-104-182
センター南駅前校	0120-104-722
たまプラーザ校	0120-104-445
鶴見校	0120-876-104
登戸校	0120-104-157
平塚校	0120-104-742
□藤沢校	0120-104-549
□武蔵小杉校	0120-165-104
□★横浜校	0120-104-473

●埼玉県

□浦和校	0120-104-561
□大宮校	0120-104-858
春日部校	0120-104-508
川口校	0120-917-104
川越校	0120-104-538
小手指校	0120-104-759
志木校	0120-104-202
せんげん台校	0120-104-388
草加校	0120-104-690
所沢校	0120-104-594
□★南浦和校	0120-104-573
与野校	0120-104-755

●千葉県

我孫子校	0120-104-253
市川駅前校	0120-104-381
稲毛海岸校	0120-104-575
□海浜幕張校	0120-104-926
□★柏校	0120-104-353
北習志野校	0120-344-104
□新浦安校	0120-556-104
新松戸校	0120-104-354
千葉校	0120-104-564
□★津田沼校	0120-104-724
成田駅前校	0120-104-346
船橋校	0120-104-514
松戸校	0120-104-257
南柏校	0120-104-439
八千代台校	0120-104-863

●茨城県

つくば校	0120-403-104
取手校	0120-104-328

●静岡県

★静岡校	0120-104-585

●奈良県

★奈良校	0120-104-597

★ は高卒本科（高卒生）設置校
＊ は高卒生専用校舎
□ は中学部設置校

※変更の可能性があります。
最新情報はウェブサイトで確認できます。

全国約1,000校、10万人の高校生が通う、

東進衛星予備校 0120-104《トーシン》-531《ゴーサイン》

近くに東進の校舎がない高校生のための

東進ハイスクール 在宅受講コース 0120-531《ゴーサイン》-104《トーシン》

ここでしか見られない受験と教育の最新情報が満載！

東進ドットコム www.toshin.com

東進 検索

東進TV

東進のYouTube公式チャンネル「東進TV」。日本全国の学生レポーターがお送りする大学・学部紹介は必見！

大学入試過去問データベース

君が目指す大学の過去問を素早く検索できる！ 2024年入試の過去問も閲覧可能！

※2024年4月現在